Die großen kosmischen Lehren des Jesus von Nazareth

Erläuterungen
Band 2

Die großen kosmischen Lehren des
JESUS von Nazareth
an Seine Apostel und Jünger, die es fassen konnten

Das Leben
der wahren gotterfüllten Menschen

Offenbart von Christus,
dem Sohn Gottes und Erlöser aller Seelen
und Menschen,
durch die Prophetin Gottes,

Gabriele - Würzburg

mit

Erläuterungen

zur Erfüllung
der ewigen Gesetze

von Gabriele,
der Prophetin und Botschafterin Gottes

Mit allen Brüdern und Schwestern
in der weltweiten Prophetischen Volks-Lehrkirche
besprochen und mit Aufgaben erarbeitet,
um den Stein des Weisen,
das Göttliche,
in jedem Menschen
zum Leuchten zu bringen

Band 2

Christus, der Schlüssel
zum Tor des Lebens
Universelles Leben

Der Geist Gottes schenkte und schenkt
im Universellen Leben allen Menschen
Sein Wort. Dieses hohe geistige Gut wird
in Form von Büchern und Cassetten
weitergegeben.
Die Preise sind so bemessen,
daß Bücher und Cassetten
auch an Menschen in aller Welt
abgegeben werden können,
die nicht in der Lage sind, sie zu bezahlen.

1. Auflage 1993

Haugerring 7
W-8700 Würzburg
(ab 1.7.1993: 97070 Würzburg)

Druck: Druckerei Joh. Walch GmbH, Augsburg

ISBN 3-89371-278-X

Inhalt

Vorwort

Gott ist absolut. Er ist das Absolute Gesetz der Unendlichkeit. Da wir aus Ihm sind, sind auch wir in unserem Innersten Absolutes Gesetz. Gott ist – und wir sind göttlich. Er ist unser Ursprung und unser Ziel.

In der mächtigen Zeitenwende, in der wir leben, gießt der Geist Gottes die ganze Fülle Seiner Wahrheit in diese Welt. Alle Religionen erhielten einst Teile der ewigen Wahrheit. Jedem war geboten, den Teil der Wahrheit, der ihm gegeben war, zu leben, damit ihm weitere Wahrheit gegeben werden konnte. Jetzt hat der Geist der Wahrheit, Christus, wahrgemacht, was Er als Jesus von Nazareth ankündigte: »Wenn aber der Geist der Wahrheit kommt, so wird Er euch in die ganze Wahrheit führen.«

Wer kann die ganze Wahrheit offenbaren? Der, der die Wahrheit ist: Christus.

Der Geist der Wahrheit ist da. Er ist gekommen im Prophetischen Wort durch Seine

Lehrprophetin, unsere Schwester Gabriele. Die ganze Wahrheit aber ist das Absolute Gesetz Gottes. Im Jahre 1991 offenbarte Christus durch Seine Prophetin das Absolute Gesetz. Es steht geschrieben in dem Buch mit dem Titel: »Die großen kosmischen Lehren des Jesus von Nazareth an Seine Apostel und Jünger, die es fassen konnten. Das Leben der wahren gotterfüllten Menschen.«

Die Lehren des Absoluten Gesetzes erinnern uns daran, wer wir in Wahrheit sind. Sie geben uns eine Ahnung unseres wahren Seins, das lautet: In jedem von uns ist in der Tiefe der Seele das absolute, selbständige und selbstlose Wesen. Das Absolute Gesetz ist der Ursprung unseres wahren Seins und unser Ziel als Mensch.

Wer es fassen kann, der fasse es.

In der Inneren Geist=Christus-Kirche zu Würzburg, der weltweiten Prophetischen Volks-Lehrkirche des Christus-Gottesgeistes, werden die Lehren des Absoluten Gesetzes von unserer Schwester Gabriele, der Lehrprophetin Gottes, ausgelegt. Sie ist auch Botschafterin

Gottes, weil sie aus ihrem erschlossenen geistigen Bewußtsein, das in Gott lebt, schöpft. Aus den Lehrsätzen und den dazu gegebenen Erläuterungen entstand dieses Buch. Es gibt Anleitungen, wie wir als Menschen die Lehrsätze in unserem Alltag anwenden können. Dieses Buch nimmt jeden an die Hand, der sich vom Geist der Wahrheit führen lassen möchte.

Am 31. Dezember 1991 offenbarte Christus durch die Prophetin Gottes, unsere Schwester Gabriele, u.a. folgendes:

»*Sehet: Ihr lebt in einer herrlichen Zeit. Es ist die höchste kosmische Zeit; denn der Geist des Lebens, Gott in Mir und Ich in Ihm, gießt das Höchste aus: das Absolute Gesetz.*

Noch spreche Ich durch Menschenmund. Doch wisset und erfasset in dieser Stunde: Die Seele Meines Instrumentes, eurer Schwester, lebt in der unmittelbaren Quelle. Sie schöpft aus der Quelle, empfängt aus der Quelle – und so empfanget ihr Mein unmittelbares Wort.

O sehet: Es ist eine Zeit für die Menschen, die nie wieder kommen wird. Denn wenn das

Absolute Gesetz in allen Details gelehrt wird, dann ist das Ende vor der Türe, das Ende der materialistischen Zeit ...

Die Lehren aus dem Absoluten Gesetz zeigen den Menschen das innere Erbe auf, das ewige Sein der Seele, das allumfassende Bewußtsein, Gott – euer geistiges Erbe. Der Innere Weg führt euch schrittweise zum Inneren Leben, und das Absolute Gesetz, gegeben und gelehrt aus der unmittelbaren Quelle, Gott, zeigt euch euer wahres Sein auf, euer geistiges Erbe, auf daß ihr ganz allmählich wißt und erkennt, daß ihr wahrlich Kinder des Allerhöchsten seid ...

O sehet: Das Füllhorn wird ausgegossen – der Innere Weg und das Absolute Gesetz. Erkennet darin, daß das Absolute Gesetz, gegeben in allen Details, schon das Ende der materialistischen Zeit symbolisiert. Denn absolut ist nun mal absolut. Darüber hinaus gibt es nichts mehr ...

Wohl dem, der in die innere Quelle, in das ewige Sein, hineinreift ... Er wird nicht mehr aus dem Intellekt das geben, was er sich an Wissen, an geistigem Wissen, angeeignet hat –

er ist das Sein und spricht die Sprache des Seins, so, wie es euch jetzt schon gegeben ist in den Auslegungen aus dem Absoluten Gesetz. Denn der Mensch, durch den Ich spreche, legt aus aus der Quelle der Liebe. Er spricht das Gesetz, auch dann, wenn Ich nicht unmittelbar aus dem Strom durch den Menschen zu euch rede.

Und so sollt ihr werden: schöpferisch, das Sein. Es ist möglich. Ihr habt ein Vorbild und ein Beispiel. Tuet es. Folget Mir nach, und erfüllet, und ihr werdet auch ein Beispiel für viele sein – das Beispiel, gleich Vorbild, denn nur wahre Vorbilder können noch auf dieser Erde bestehen.«

Unsere Schwester Gabriele ist selbst den Weg der Läuterung von Seele und Mensch gegangen. Sie kennt das Wohl und Wehe des Menschseins, seine Schwierigkeiten und Probleme; daher kann sie uns auch in allem verstehen und uns aus ihrem erschlossenen geistigen Bewußtsein Rat und Hilfe geben. Sie, deren Seele bewußt im ewigen Sein zu Hause ist, faßt in unsere menschlichen Worte das Leben der Himmel, so weit es möglich ist.

Möge dieses Buch noch vielen Suchenden den Weg in ihr Inneres weisen – in das Reich des Inneren, das unsere wahre Heimat ist.

Christusfreunde der
Bundgemeinde Neues Jerusalem
im Universellen Leben
Würzburg, März 1993

Einführung

Der Wille Gottes, unseres ewigen Vaters, geschieht – auch in Seiner Inneren Geist=Christus-Kirche, der weltweiten Prophetischen Volks-Lehrkirche. In Seinem Namen kommen wir zusammen, um Seine Kraft mehr und mehr zu empfangen, auf daß wir wieder zu dem werden, was wir tief in unserer Seele sind: kosmische Wesen, Kinder der unendlichen Liebe.

Wir leben in einer mächtigen Umbruchszeit. Der Geist Gottes gießt Sein Füllhorn aus. Wir empfangen den Inneren Weg von der Stufe der Ordnung bis zur Stufe des göttlichen Ernstes. Wir empfangen darüber hinaus das Absolute Gesetz und dürfen so in unser geistiges Erbe eintauchen. Wir dürfen hineinspüren in das Leben tief in unserer Seele, das unsere Heimat ist, und so erfahren, wer wir in Wahrheit sind.

Ein Schatz aus den Himmeln ist uns gegeben. Sind wir bereit, den Schatz zu empfangen, dann werden wir ihn auch heben; denn der Schatz ist Gott, und Gott, das Leben, ist in uns.

Wollen wir Gott näherkommen, dann müssen wir die göttlichen Gesetze wieder erlernen und anwenden; sonst können wir uns nicht mit dem großen Geist, Gott, dem Ewigen, Absoluten, einen.

Wir beten zu Gott, unserem Vater. Wir hören von Gott, unserem Vater, von Christus, unserem Erlöser, und von den Geistwesen der Himmel. Für so manchen ist Gott nur ein Wort, etwas Abstraktes – er fühlt sich noch fern von Ihm. Warum fühlen sich viele von uns noch fern von Gott? Weil wir uns noch nicht bewußt gemacht haben, was Gott, der All-Eine, uns geschenkt hat. Er schenkte uns die Unsterblichkeit, weil Er unsterblich ist. Er schenkte uns jede kosmische Strahlung, weil wir Seine Erben sind. Er schenkte Sich uns ganz.

Wer ist Gott?

Gott ist Geist, Kraft, strömendes Leben. Gott ist das Licht, das uns durchdringt. Gott gab sich selbst die geistige Form: der ewige Vater. Er ist ein Geistwesen, wie auch wir im reinen Sein Geistwesen sind. Er jedoch ist in Seiner Strahlung unübertroffen. Gott ist also fließende Energie. Der ewige Vater hingegen ist ein Wesen, so, wie auch wir im göttlichen Sein göttliche Wesen sind.

Erst dann, wenn wir wieder von jeder kosmischen Strahlung gänzlich durchstrahlt sind, leben wir als Tropfen im Ozean Gott und sind wieder eins mit Gott, unserem Vater, und Seine Ebenbilder.

Gabriele

Mache dir täglich aufs neue bewußt, daß in dir der Allweise, der Ewige, wohnt, der um alle Dinge weiß, der mit dir ist, der zu dir spricht, der jede Antwort und Lösung kennt.

Am Morgen beim Erwachen, vor jedem Gespräch, bevor du eine Arbeit beginnst, wenn du deinen Nächsten begegnest und mit ihnen sprichst, denke daran:

Der Allweise, der Ewige, der um alle Dinge weiß, wohnt in dir.

Er spricht zu dir. Er spricht durch dich. Er führt dich durch die Gespräche. Er wirkt durch dich in jeder Situation. Er ist die Kraft bei der Arbeit.

Erläuterungen:

Mache dir täglich aufs neue bewußt, daß in dir der Allweise, der Ewige, wohnt, der um alle Dinge weiß, der mit dir ist, der zu dir spricht, der jede Antwort und Lösung kennt.

Hierzu sprach unsere Schwester Gabriele
in der Inneren Geist=Christus-Kirche,
der weltweiten
Prophetischen Volks-Lehrkirche:

Ist diese Aussage in uns eingedrungen, so spüren wir, welch ein Reichtum in unserem Inneren liegt und daß wir Kinder des Inneren Reiches sind, Erben der Unendlichkeit; denn Gott, die Unendlichkeit, wohnt in uns und spricht zu uns.

Gott, der allgegenwärtige Geist, ist in jeder Frage, in jeder Antwort und in jeder Lösung. Überall ist Gott. Er hilft uns, die rechte Antwort zu geben. Er hilft uns, aus einem Problem die Lösung zu finden. Er, der Allweise, ist immer da – und wir als Wesen in Gott sind weise, weil wir aus der Kraft der göttlichen Ordnung, des Willens, der Weisheit, des Ernstes, der Geduld, der Liebe und der Barmherzigkeit hervorgingen.

Als Wesen in Gott, als der Mensch, der im inneren Heiligtum lebt, wissen wir um alle Dinge. Das Wissen um alle Dinge ist im Göttlichen die ewige Weisheit. Wir sind also reich. Machen wir uns dies bewußt, dann müssen wir sagen: Wie arm, ja, wie erbärmlich arm sind wir doch, wenn wir immer wieder sündigen, wenn wir uns immer wieder mit den gleichen Problemen beschäftigen und glauben, das wäre das Wichtigste. Merken wir uns: Im Problem ist die Lösung – Gott, der Ewige, der in uns wohnt.

In uns ist Gott, der um alle Dinge weiß. Wird uns dies bewußt, dann ist nur noch das eine Streben da: mit Ihm eins zu werden, aus der Quelle der unendlichen Weisheit zu schöpfen und aus der Liebe und Weisheit zu geben; denn das hat Bestand, das ist Wahrheit, und das ist unser Leben.

Am Morgen beim Erwachen, vor jedem Gespräch, bevor du eine Arbeit beginnst, wenn du deinen Nächsten begegnest und mit ihnen sprichst, denke daran:

Der Allweise, der Ewige, der um alle Dinge weiß, wohnt in dir.

Er spricht zu dir. Er spricht durch dich. Er führt dich durch die Gespräche. Er wirkt durch dich in jeder Situation. Er ist die Kraft bei der Arbeit.

Gabriele:

Möchten wir dahin gelangen, daß der große Geist, Gott, durch uns spricht, dann heißt es für uns, unser Ich, unser Menschliches, zurückzunehmen. Es heißt für uns, in den inneren Tempel einzukehren und Gott um Führung und Hilfe zu bitten.

Gott läßt nicht auf sich warten. Gott hilft; denn Gott, unser ewiger Vater, dient allen Seinen Kindern – Sein Geist, der in jedem von uns wohnt, dient jedem von uns. Das Dienen ist die unendlich-ewig gebende Liebe Gottes.

Eventuell sagen wir: »Ich spüre und vernehme Ihn nicht.« Warum nicht? Wegen unserer Veräußerlichung. Weil unsere Sinne nach außen gerichtet sind und nach immer mehr verlangen. Weil wir mehr mit dem Intellekt arbeiten – statt nach innen zu gehen und die Gesetze mehr und mehr zu verwirklichen. Dies ist einem jeden möglich. Denn wer kennt nicht die Auszüge aus den ewigen Gesetzen, die Zehn Gebote und die Bergpredigt? Im übertragenen Sinne sind sie der Innere Weg, der nach innen führt – der die Brücke schlägt hin zu Ihm, der uns immer dient, weil Er immer gibt.

Denke daran:

Laß nicht zu, daß sich Unnützes und Unlauteres in deinem Oberbewußtsein und in deinem Unterbewußtsein tummelt.

Wer bewußt lebt, der ist wachsam und kennt die Vagabunden, die sich anschleichen, um ihn zu verführen.

Nimm die Geißel der inneren Kraft, und treibe alles Unlautere, das sich anschleicht, von dir, damit es nicht in den geheiligten Tempel Einlaß findet.

Durch die Bemeisterung deiner Gedanken und Sinne ist dein innerer Tempel rein geworden.

Was sich anschleicht, jegliche Verführung, treibe sie von dir!

Bevor du jedoch die Verführung von dir treibst, begrüße das Gute in ihr und laß es zu, daß es sich in dir bewegt.

Die Bewegung des Guten in dir bewirkt im Bösen, im Verführer, der hinter den Verführungen steht, Pein.

Die Pein ist das Gewissen, das beim Bösen anklopft und sich als Hilfe und Kraft zur Umwandlung bemerkbar macht und sich hierfür gleichzeitig anbietet. Dadurch hat das Böse die Möglichkeit zur Selbsterkenntnis und zur Bereinigung. Das Böse, das von außen kommt, ist die Verführung, hinter der Verführer stehen, welche die negativen Kräfte auf dich lenken, um dich zu prüfen, ob du ihnen nicht doch unterliegst.

Das gleiche geschieht durch dich, den Befreier, nur im umgekehrten Verlauf: Das Gute in dir klopft beim Bösen an, um es zur Einsicht, zur Selbsterkenntnis und zur Umkehr zu bewegen.

Fliegt also das Böse an, dann tritt vor die Pforte deines inneren Tempels und bringe dem Bösen die Gaben des Guten.

An der Reaktion der Fluggedanken, die du wahrgenommen hast, bemerkst du die

Reaktion des Verführers. Spürst du, daß deine selbstlosen Gaben Anklang fanden, also angenommen wurden, dann gib noch weitere hinzu. Dann weise den Verführer auf das Christus-Gottesbewußtsein hin und tritt wieder in das innere Heiligtum, in deinen Tempel, ein.

Dort, in deinem Innersten, laß keine menschlichen Gedanken und Reaktionen zu. Bewahre das Gute des Verführers in deinem Innersten, und bewege es von Zeit zu Zeit; dann sendest du zu ihm das Allgesetz. Du sendest ihm also Gaben der selbstlosen Liebe. Du jedoch gehe nicht auf Empfang; überlasse das dem Christus Gottes und Seinem Kind, dem Verführer.

Wie sich dein Nächster verhält und was er sendet, das betrifft einzig den ewigen Vater und Sein Kind.

Du halte die Tempelordnung: Schweige!

Schweigen heißt, in der Stille zu sein.

Wer im Allerheiligsten, in Gott, lebt, durch den lebt und spricht Gott.

Im Tempel Gottes können keine menschlichen Gedanken existieren. Verweile ohne Gedanken, also schweigend, in dir.

Und wenn du denkst, dann denke göttlich.

Und wenn du sprichst, dann sprich das Gesetz Gott – sprich göttlich.

Rede nur göttlich, und nur dann, wenn dein Nächster Gaben aus dem Gesetz des Lebens wünscht.

Merke dir:

Deine reinen Empfindungen und deine reinen Gedanken sind göttlich.

Deine selbstlosen, edlen, also ethischen Sinne sind fein. Sie sind die Antennen in das All, die in die Himmel ragen, weil du im Sein, im Himmel, lebst und somit auch vom Himmel empfängst.

Erläuterungen:

Denke daran:
Laß nicht zu, daß sich Unnützes und Unlauteres in deinem Oberbewußtsein und in deinem Unterbewußtsein tummelt.

Hierzu sprach unsere Schwester Gabriele
in der Inneren Geist=Christus-Kirche,
der weltweiten
Prophetischen Volks-Lehrkirche:

Was wir längere Zeit bewegen, das setzt sich im Ober- und im Unterbewußtsein fest. Kommt ein Gedanke und wir bewegen diesen ständig, dann verstärken wir ihn. Aus dem Gedanken wird dann ein Programm, weil wir immer mehr Gedanken hinzugeben. Dieses Programm geht in unsere Gehirnzellen ein, in unser Oberbewußtsein; es bewegt uns immer und immer wieder. Lassen wir dies zu, dann zieht es uns förmlich in die Welt der Sinne, zieht uns hinein in unser Sündhaftes, so daß wir oftmals nur sehr schwer nach innen kommen.

Wer bewußt lebt, der ist wachsam und kennt die Vagabunden, die sich anschleichen, um ihn zu verführen.

Gabriele:

Nicht alle Gedanken, die uns berühren, sind für uns von Bedeutung und sollen analysiert werden. Oftmals sind es nur Gedankenvagabunden, die wir annehmen. Wer nicht wachsam ist, der nährt sie.

Diese Vagabunden sind Gedanken, die uns eventuell an Situationen erinnern, die wir schon bereinigt haben, die jedoch weiterhin in unserer Erinnerungswelt liegen. Bewegen wir die Erinnerung längere Zeit, dann holen wir sie empor ins Oberbewußtsein. Dort ist sie sodann aktiv; von dort sendet sie und wird auch empfangen. Was Erinnerung war, ist wieder zur Entsprechung, zu einem negativen Energiepotential, geworden.

Ich wiederhole: Holen wir aus der Erinnerungswelt – aus dem, was wir schon längst bereinigt haben – all die Geschehnisse und Ereignisse wieder herbei und spielen sie in Gedanken und Gefühlen durch, dann schaffen wir erneut Programme im Oberbewußtsein. Nach dem Gesetz von Senden und Empfangen erleben wir daraufhin unter Umständen Gleiches und Ähnliches wieder wie das, was wir schon bereinigt hatten. Warum? Weil wir die Erinnerungswelt nährten und so ein neues Programm geschaffen haben. Wer nicht bewußt lebt, der baut auf diese Weise eventuell ein neues Karma auf, weitere Schuldverflechtungen.

Nimm die Geißel der inneren Kraft, und treibe alles Unlautere, das sich anschleicht, von dir, damit es nicht in den geheiligten Tempel Einlaß findet.

Gabriele:

Die Geißel der inneren Kraft besteht aus dem Gesetz Gottes, aus den sieben Grundkräften Gottes, von der Ordnung bis zur Barmherzigkeit.

Durch Überwindung des Menschlichen und durch Verwirklichung und Erfüllung der geistigen Gesetzmäßigkeiten entfaltet sich in uns das Innere Leben. Wir nehmen an geistiger Kraft zu, die wir mehr und mehr aktiv einzusetzen vermögen. Wir treten sodann den Versuchungen des Menschlichen mit Entschiedenheit und Festigkeit entgegen und weisen Gedankenvagabunden, die sich anschleichen, von uns. Was uns an Menschlichem berührt und bewegt, das bewältigen wir sofort durch Selbstüberwindung mit Hilfe der umwandelnden Kraft Christi.

Durch die Bemeisterung deiner Gedanken und Sinne ist dein innerer Tempel rein geworden.

Was sich anschleicht, jegliche Verführung, treibe sie von dir!

Bevor du jedoch die Verführung von dir treibst, begrüße das Gute in ihr und laß es zu, daß es sich in dir bewegt.

Die Bewegung des Guten in dir bewirkt im Bösen, im Verführer, der hinter den Verführungen steht, Pein.

Gabriele:

Damit sagt uns Christus: In allem ist auch das Positive, so auch in der Verführung. Bejahen wir das Gute in allem und bewegen es in uns, dann erfahren wir die Hilfe Christi.

Sprechen wir: »Ich bejahe Christus in meiner Seele«, dann spüren wir Seine Hilfe, und wir werden von dieser Verführung frei.

Die Pein ist das Gewissen, das beim Bösen anklopft und sich als Hilfe und Kraft zur Umwandlung bemerkbar macht und sich hierfür gleichzeitig anbietet. Dadurch hat das Böse die Möglichkeit zur Selbsterkenntnis und zur Bereinigung. Das Böse, das von außen kommt, ist die Verführung, hinter der Verführer stehen, welche die negativen Kräfte auf dich lenken, um dich zu prüfen, ob du ihnen nicht doch unterliegst.

Gabriele:

Wir wissen: Auch im Verführer ist Christus. Alles Negative wird durch die Kraft des Christus in Positives umgewandelt.

Selbstlose Hilfe greift niemals in den Bereich des Nächsten ein – sie bietet sich an; denn jeder hat den freien Willen.

Das Positive regt bei uns Positives an. Das Negative regt bei uns Negatives an. Sind wir wachsam und bereinigen das Sündhafte, dann sind wir befreit. Wir werden dann zum Befreier, der beim Bösen das Gute bestrahlt. So treten wir dann in Kommunikation mit dem Innersten – mit dem guten Kern, dem Christuslicht – im Bösen, und regen auf diese Weise auch den Verführer zum Nachdenken und eventuell zur Umkehr an.

Sind wir in unserem Tempel, sind wir verinnerlicht, dann werden wir auch wachsam leben und der Verführung und dem Verführer widerstehen.

Das gleiche geschieht durch dich, den Befreier, nur im umgekehrten Verlauf: Das Gute in dir klopft beim Bösen an, um es zur Einsicht, zur Selbsterkenntnis und zur Umkehr zu bewegen.

Fliegt also das Böse an, dann tritt vor die Pforte deines inneren Tempels und bringe dem Bösen die Gaben des Guten.

An der Reaktion der Fluggedanken, die du wahrgenommen hast, bemerkst du die Reaktion des Verführers. Spürst du, daß deine selbstlosen Gaben Anklang fanden, also angenommen wurden, dann gib noch weitere hinzu. Dann weise den Verführer auf das Christus-Gottesbewußtsein hin und tritt wieder in das innere Heiligtum, in deinen Tempel, ein.

Gabriele:

Wir erkennen die Reaktionen des Verführers, wenn wir das Verhalten der Fluggedanken, der Gedankenvagabunden, die bei uns anklopfen, beobachten. Drängen sie weiter, dann hat der Verführer nicht angenommen. Ziehen diese Fluggedanken von uns, fühlen wir eine innere Befreiung, ein Wohlbefinden, ja, ein zartes Glücksgefühl, dann gingen unsere positiven Kräfte, die Gaben des Guten, in den Verführer ein, der sie nun bewegt; er hat sie dann angenommen.

Bedrängen uns weiterhin die Fluggedanken, dann werden wir sie Christus übergeben und werden gleichzeitig bei uns nachsehen, was eventuell in uns noch an Entsprechungen zugrunde liegt. Haben wir das bereinigt, dann sollen wir wieder in den inneren Tempel, in das innere Heiligtum, eintreten. Das heißt: Wir gehen wieder nach innen und bleiben in der Verbindung mit Gott.

Das beständige Verweilen im Inneren, das Leben in der Verbindung mit Gott, dem Ich Bin, kennzeichnet den geistig gereiften Menschen, den von Gott Erfüllten, der in der Erfüllung der Gesetze des Heils lebt. Solange wir auf dem Weg dorthin sind und uns in der Verwirklichung des Gesetzes Gottes üben, geben uns die großen kosmischen Lehren Christi das Ziel vor und geben zugleich Hilfen auf dem Weg.

Dort, in deinem Innersten, laß keine menschlichen Gedanken und Reaktionen zu. Bewahre das Gute des Verführers in deinem Innersten, und bewege es von Zeit zu Zeit; dann sendest du zu ihm das Allgesetz. Du sendest ihm also Gaben der selbstlosen Liebe. Du jedoch gehe nicht auf Empfang; überlasse das dem Christus Gottes und Seinem Kind, dem Verführer.

Gabriele:

In unserem Innersten sollen wir also keine menschlichen Gedanken und Reaktionen zulassen. Kommen menschliche Gedanken, bewegen uns Probleme oder Schwierigkeiten, dann sollten wir sehr rasch vor den Tempel treten, sie betrachten, bereinigen und dann wieder einkehren in das innere Sein.

Wir sollen das Gute des Verführers in unserem Innersten bewegen, weil auch im Verführer das Positive ist – so, wie in jedem von uns das Positive, das Christus-Gotteslicht, leuchtet. Bejahen wir das Gute im Verführer, dann senden wir immer wieder selbstlose Gedanken, göttliche Energien, zu unserem Nächsten; denn auch der Verführer ist unser Bruder, unsere Schwester, unser Nächster.

Wir jedoch sollen nicht auf Empfang gehen, das heißt, wir sollen nicht neugierig forschen in der Frage, ob unsere positiven Gedanken wohl angekommen sind. In dem Augenblick, wo wir denken: »Sind unsere positiven Gedanken wohl angekommen?«, gehen wir schon auf Empfang durch das Prinzip Senden und Empfangen.

Wie sich dein Nächster verhält und was er sendet, das betrifft einzig den ewigen Vater und Sein Kind.

Du halte die Tempelordnung: Schweige!

Schweigen heißt, in der Stille zu sein.

Wer im Allerheiligsten, in Gott, lebt, durch den lebt und spricht Gott.

Im Tempel Gottes können keine menschlichen Gedanken existieren. Verweile ohne Gedanken, also schweigend, in dir.

Gabriele:

Menschliche Gedanken kommen von der Materie, sind auf die Materie bezogen und somit irdisch. Sie können nicht in Gott eingehen. Gott ist Geist und nicht Materie.

Um schweigen zu können, müssen wir unterscheiden lernen, wann wir reden und wann wir schweigen sollen. Machen wir uns bewußt: Was ist wichtig? Welches Nachspiel kann ein Gespräch, eine Aussage oder eine Handlungsweise haben?

Der Weise überlegt, bevor er spricht, weil er in der inneren Stille lebt, wo kein menschlicher Gedanke Einlaß findet.

»Du halte die Tempelordnung: Schweige!« heißt, wir sollen nicht sofort herausreden, was uns in den Sinn kommt. Wir sollen es überlegen und sollen das, was wir sagen wollen, in das ewige Gesetz, in unser göttliches Erbe, stellen, in der Frage: Ist das, was ich sagen möchte, von Bedeutung? Warum will ich es sagen? Wenn ich dies sage, welches Nachspiel kann es für mich oder für meinen Nächsten haben?

Wer besonnen ist, der findet ganz allmählich in die Stille, weil er bestrebt ist, aus dem unerschöpflichen Quell zu schöpfen, der Gott in jedem von uns ist.

Und wenn du denkst, dann denke göttlich.

Und wenn du sprichst, dann sprich das Gesetz Gott – sprich göttlich.

Rede nur göttlich, und nur dann, wenn dein Nächster Gaben aus dem Gesetz des Lebens wünscht.

Gabriele:

Das bedeutet für uns, nur dann zu reden, wenn wir spüren, daß wir unserem Nächsten Gaben des Lebens mitgeben können. Alles andere ist menschlich, und was menschlich ist, ist vergeudete Kraft.

Göttlich zu denken und zu reden stellt die Kommunikation mit Gott in unserem Inneren her. Wollen und erwarten wir nichts mehr, ist unser Ich nicht mehr beteiligt, ist uns eine menschliche Gabe peinlich, dann geben wir selbstlos. Nur dann, ausschließlich dann, sprechen wir das Gesetz des Lebens; nur dann denken wir göttlich.

Gehen wir von unserem verschatteten menschlichen Bewußtsein aus, so erscheint es uns oftmals schwer, wieder ins göttliche Gesetz zu gelangen. Und doch müssen wir eines Tages wieder als Tropfen in den Ozean Gottes eintauchen – und wir werden es tun, weil unser Ursprung göttlich ist.

Merke dir:

Deine reinen Empfindungen und deine reinen Gedanken sind göttlich.

Deine selbstlosen, edlen, also ethischen Sinne sind fein. Sie sind die Antennen in das All, die in die Himmel ragen, weil du im Sein, im Himmel, lebst und somit auch vom Himmel empfängst.

Gabriele:

Unser ewiges Erbe ist Licht. So sind wir Wesen des Lichts – Licht aus Seinem Lichte. Durchdringen wir alles mit unserem Licht, dann spüren wir unsere göttlichen Empfindungen, unsere reinen Gedanken.

Das Licht ist der Himmel. Wer mit dem Licht in Kommunikation steht, der steht mit dem Himmel in Verbindung und mit allen, die im Himmel sind.

»Deine selbstlosen, edlen, also ethischen Sinne sind fein.« Diese Worte bedeuten für

uns, daß wir unsere groben, menschlichen Sinne verfeinern müssen, um zu den ethischfeinen Sinnen der Seele zu finden.

Verfeinern wir unseren Sehsinn, dann wird unser Auge lichtvoll. Wo wir auch hinschauen, kommen sodann Gedanken an Gott und an das Göttliche in allem.

Schauen wir da- und dorthin und kommen menschliche Gedanken, dann ist unser Sehsinn noch nicht verfeinert, dann haben wir die Schatten in unseren Augen – unser menschliches Ich. Unser Auge trägt noch die Finsternis.

Ist das Licht Gottes in uns aktiv, dann nehmen wir das Göttliche in allem wahr; dann haben wir das Licht in unseren Augen. In unserem Herzen klingt dann die Melodie der Liebe, die Melodie der Dankbarkeit zu Gott, der die Kraft, das Licht in allem ist, der uns begleitet und uns in allem entgegenstrahlt.

Hören wir nur das, was wir hören sollen, drängt es uns also nicht zum Horchen, regt uns das, was wir hören, zum Denken an Gott an und finden wir im Gehörten die göttlichen

Gesetzmäßigkeiten – dann haben wir das Licht, Gott, im Gehörsinn aktiviert. Dann führt uns das Licht. So, wie es die Augen führt, so führt es auch den Gehörsinn.

Führt die Wahrnehmung unseres Geruchs- und Geschmackssinnes dazu, daß wir uns unserer göttlichen Herkunft erinnern, dann ist das Licht, Gott, in unserem Geruchs- und Geschmackssinn lebendig. Dann werden wir unsere Nase nicht in die verschiedenen Behältnisse stecken, um die Gerüche menschlich-irdischen Lebens aufzunehmen, weil unsere Sinne ethisch sind.

Wir werden auch an einem gedeckten Tisch essen und werden gesittet und ethisch speisen. Wir werden uns nicht mit den Ellbogen auf dem Tisch aufstützen, sondern darauf bedacht sein, mit Anstand und bewußt zu speisen: Den Bissen, den wir im Munde haben, kauen wir gut und lassen ihn in unser Verdauungsorgan gleiten, um erst dann den nächsten Bissen zu nehmen. Wir werden auch nicht den vollen Inhalt eines Glases mit einem Zug in uns hinunterschütten, sondern das Getränk in einzelnen Schlucken zu uns nehmen. Wir werden auch nicht mit vollem Munde sprechen.

Speisen und trinken wir ethisch, also gesittet, dann ist das Licht mit uns, und wir werden mit den Speisen und Getränken in Kommunikation treten, die die Schöpferkraft, das Licht, enthalten. So nähren wir nicht nur unseren Leib – so nähren wir auch unsere Seele, weil unsere Seele das Innere Licht trägt. Die Seele – sofern sie licht ist – sehnt sich danach, beständig in Kommunikation mit dem Licht zu stehen.

Haben wir uns zum Göttlichen erhoben, dann werden wir auch nicht alles betasten, weil unser Tastsinn und auch alle anderen Sinne nicht mehr mit Haben-Wollen reagieren, also nicht mehr gieren.

Wer nicht in sich ruht, will alles betasten, will alles anfassen. Er will nach allem greifen, weil er sich selbst nicht zu begreifen vermag, weil er nicht gelernt hat, sich selbst zu erkennen und zu überwinden.

Verfeinern wir unsere Sinne, dann sind wir ethische Menschen mit höherer Moral, mit höheren Werten. Nur auf diese Weise gewinnen wir Zugang zum ewigen Sein und zu den ethisch-reinen Sinnen unserer Seele.

Wir erkennen hier auch wieder: Auf dem Inneren Weg erfolgt zunächst das Hineinwandern von außen nach innen, das Reinigen von außen nach innen – bis der Tropfen, das göttliche Wesen, wieder vollkommen ist und eintaucht in den Ozean, Gott, und eins ist mit Gott ewiglich. Dann strahlt das lichte Bewußtsein von innen durch den vom Licht durchdrungenen Menschen nach außen. Dann ist der Mensch ein geistiger Mensch, durch den Gott zu wirken vermag.

Sieh niemals a u f *deinen Nächsten, sonst siehst du nur auf dich.*

Erst wenn du gelernt hast, von deinem Innersten, vom Allerheiligsten, aus durch dich hindurchzuschauen, dann durchdringst du auch deinen Nächsten.

Solange du deinen Nächsten nicht zu durchdringen vermagst, hast du ihn auch nicht in deinem Innersten aufgenommen.

Erst wenn du das Göttliche deines Nächsten, das auch in dir ist, entfaltet hast, dann kennst du deinen Bruder und deine Schwester in dir.

Solange du deinen Nächsten nicht zu durchdringen vermagst, ist er dir fremd, weil auch du noch ein Fremdling bist, fern vom ewigen Sein.

Wenn ihr beide einander durchdringt, dann sprecht ihr beide die Sprache des Seins, und ihr seid bewußt geeint und auch geeint in Gott.

Erläuterungen:

Sieh niemals auf deinen Nächsten, sonst siehst du nur auf dich.

Erst wenn du gelernt hast, von deinem Innersten, vom Allerheiligsten, aus durch dich hindurchzuschauen, dann durchdringst du auch deinen Nächsten.

Solange du deinen Nächsten nicht zu durchdringen vermagst, hast du ihn auch nicht in deinem Innersten aufgenommen.

Hierzu sprach unsere Schwester Gabriele in der Inneren Geist=Christus-Kirche, der weltweiten Prophetischen Volks-Lehrkirche:

Blicken wir nur auf die Hülle, den Menschen, dann sehen wir immer nur das Menschliche – und das, was uns am Menschlichen erregt, das sind wir selbst. Dann schauen wir nur auf uns. Solange wir auf die Fehler unseres Nächsten blicken, sehen wir nur unsere eigenen Fehler. Dann ist unser Auge sündhaft, weil wir nur Sündhaftes sehen und Sündhaftes wahrnehmen.

Das Innere unseres Nächsten zu erschließen heißt, Gottes Gesetze zu erfüllen. Dann erwachen die positiven Seiten unseres Nächsten in uns, und wir treten auch in Kommunikation mit Gott in unserem Nächsten. Das ist das Aufnehmen unseres Nächsten. Dann durchdringen wir die Hülle und erfahren unseren Nächsten tief in unserer Seele, weil wir mit den innersten Bereichen unseres Nächsten in Kommunikation stehen, mit Gott.

Ohne den Inneren Weg, ohne das Einwärtswandern zum Königreich des Inneren, das in jedem von uns ist, werden wir unseren Nächsten niemals aufnehmen können. Nehmen wir ihn flüchtig im Äußeren an, in dem Bewußtsein: »Er ist Mensch, so, wie ich auch Mensch bin«, dann schauen beide nur auf das Menschliche und finden dadurch nicht zueinander, nicht die Einheit miteinander. Zwar haben sie eventuell viele Gemeinsamkeiten, jedoch einig – in der Einheit Gottes – sind sie nicht, weil sie beide nur auf die Hülle und somit auf das Menschliche blicken.

Unser Weg geht nach innen, zum Göttlichen in uns. Je mehr wir das Göttliche in unserem Inneren erschließen, um so mehr können wir unseren Nächsten durchschauen. Er wird plötzlich transparent für uns, weil wir selbst transparent geworden sind, weil unsere Seele leuchtet und den Schimmer der Heimat durch unser Erdenkleid strahlt.

Erst wenn du das Göttliche deines Nächsten, das auch in dir ist, entfaltet hast, dann kennst du deinen Bruder und deine Schwester in dir.

Gabriele:

Wir lernen unseren Nächsten als unseren Bruder und unsere Schwester nur kennen, wenn wir uns selbst erkannt, das heißt, wenn wir uns selbst, unser menschliches Ich, bezwungen haben. Dann erwacht die Gemeinsamkeit, dann erwacht die Einheit. Dann werden wir transparent, weil wir kaum mehr Negatives haben. Wir haben keine Geheimnisse mehr, weil wir gesetzmäßig leben.

Bezwingen wir uns, dann werden wir reiner, unser Wesen wird feiner, und wir finden unseren Bruder und unsere Schwester in uns selbst. Uns wird unser Nächster nahe. Wenn wir ihn auch im Äußeren nicht kennen – wir spüren sein Inneres, und das ist uns wesensnah, weil wir mit unserem reinen Wesen eins geworden sind.

Solange du deinen Nächsten nicht zu durchdringen vermagst, ist er dir fremd, weil auch du noch ein Fremdling bist, fern vom ewigen Sein.

Gabriele:

Solange uns das Absolute Gesetz, unser göttliches Erbe, unser innerstes Wesen, fremd ist, sind wir uns auch selbst fremd. Wir kennen unser wahres Wesen nicht und kennen auch nicht die ewige Heimat. In dieser Welt werden wir einsam und nach dem Leibestode in der anderen Welt ein Fremdling sein. Wir werden in der Gottferne leben und nicht erkennen, daß Gott uns doch so nahe ist. Wir werden Ihn nicht schauen, weil wir im Zeitlichen unseren Nächsten nicht geschaut haben. Wir haben ihn nur als Mensch gesehen und nicht als Wesen in Gott. Wir sind hier und dort Fremdlinge, weil wir unserem göttlichen Wesen nicht nahe sind. Unser göttliches Wesen ist unser geistiges Erbe.

Wenn ihr beide einander durchdringt, dann sprecht ihr beide die Sprache des Seins, und ihr seid bewußt geeint und auch geeint in Gott.

Gabriele:

Leben wir nicht mehr in dem engen, ichbezogenen menschlichen Bewußtsein, steuert uns z.B. kein Fremdgedanke, der besagt: »Mein Nächster ist mir fremd; er ist mir einerlei« – dann durchdringen wir mit unserem geistigen Bewußtsein unseren Nächsten und sind mit ihm. Unsere Seele trägt dann kaum mehr die Schatten unseres menschlichen Ichs. Durch sie strahlt sodann das Verwirklichungslicht – und das göttliche Licht durchdringt alles, auch die Materie, auch unseren Nächsten.

Alles, was ist, ist durchdrungen vom Licht. Sind wir Licht aus Seinem Lichte geworden, dann durchdringen wir unsere Nächsten; wir durchdringen jedes Problem, jede Schwierigkeit, alles, was auf uns zukommt, weil das Licht immer die Kommunikation mit dem

Licht hält. Da in allem das Licht ist, wird sich Licht immer wieder mit dem Licht verbinden. Aufgrund dieser Kommunikation werden wir gesetzmäßig denken, sprechen und handeln. Wir werden überlegen, was wir reden, weil wir mit dem Licht in Kommunikation stehen.

Denken wir daran: Gott ist Licht.

Denken wir daran: Gott ist in uns.

Denken wir daran, daß wir alle Seine Kinder sind und somit alle Brüder und Schwestern.

Denken wir daran, daß das Reich Gottes inwendig in uns ist und daß in jedem von uns die Fülle des ewigen Seins lebt.

Denken wir daran, daß wir freie Wesen sind, Kinder der unendlichen Liebe.

Denken wir daran, daß unser Nächster – das Positive in ihm – ein Teil von uns ist und das Positive von uns ein Teil von ihm.

Denken wir daran, wenn wir in der Natur sind: Die Naturreiche sind als Essenz ein Teil von uns, und wir sind als Essenz ein Teil der Naturreiche.

Denken wir daran, wenn wir die Gestirne sehen: Sie sind ein Teil von uns, und wir sind ein Teil von ihnen.

Denken wir daran, daß das All ein riesiges Kommunikationsnetz ist, denn alles ist Kommunikation.

Denken wir daran, daß positive, selbstlose Gedanken den Himmel erringen, weil sie Himmelsgedanken sind, und negative Gedanken uns in die Hölle, in unser düsteres Bewußtsein, stürzen können.

Denken wir daran: Gottes Gesetz ist unser wahres Sein, unser göttliches Erbe. Leben wir mehr und mehr nach den Gesetzmäßigkeiten Gottes, dann fühlen wir uns geborgen, eingehüllt und geschützt von unserem liebenden Vater. Er, der große Geist, der uns über alles liebt, sandte Christus, Seinen Sohn, zu uns Menschen. Als Jesus von Nazareth zeigte Er die Gesetze des Lebens auf. Er lebte danach.

Nehmen wir Christus als Vorbild mit in unser tägliches Leben. Denken wir immer wieder an Jesus von Nazareth. Wenn uns etwas schwerfällt, fragen wir: Wie hätte es Jesus getan? Wie hätte Jesus gesprochen? Wie hätte Jesus gehandelt? Dann spüren wir, daß das Licht uns näherkommt. Wir werden dann auch mit der Zeit in das Licht eintauchen und so dieser Welt mit ihren Lockungen entsagen, weil wir alles besitzen, die ganze Unendlichkeit. Dieser innere Besitz ist der Schatz, den wir heben dürfen.

Sage niemals: »Dieser Mensch ist mir fremd.«

Wenn dir auch die Hülle der Seele unbekannt, also fremd ist, so bleibe in dem Bewußtsein: Der Inhalt der Hülle, das Reine im Innersten der Seele, ist ein Teil von dir.

Kennst du deinen Bruder und deine Schwester nicht, dann kennst du dich auch selbst nicht, weil du den reinen Teil deines Nächsten in dir nicht entfaltet hast.

Solange du in »bekannt« und »fremd« trennst, bist du Gott fern.

Deshalb sieh dich niemals als Mensch, sondern schaue dich und deinen Nächsten als Abglanz und als Ebenbild Gottes und schaue ihn als deinen Bruder oder deine Schwester in dir. Dann erfährst du in dir, daß das Leben das Sein ist, weil es all-

gegenwärtig in dir und in allem ist – das Kleinste im Großen und das Große im Kleinsten.

Hierzu sprach unsere Schwester Gabriele
in der Inneren Geist=Christus-Kirche,
der weltweiten
Prophetischen Volks-Lehrkirche:

Wir sehen dann nur auf die Hülle unseres Nächsten, auf seine Belastung, und nehmen ihn nicht als Bruder und Schwester an und auf. Solange uns der Mensch nur »bekannt« ist, haben wir für ihn Sympathie oder Antipathie. Ist er uns fremd, dann ist er uns gleichgültig. Beides sagt aus, daß wir in der Trennung von Gott leben und nicht in der Einheit mit Gott; denn in Gott sind alle gleich, und in Ihm bilden alle Menschen und Wesen und alles Sein die Einheit.

Denke über folgende Gesetzmäßigkeit nach:

Du hast mit einem Menschen gesprochen, den du nur dem Namen nach kennst, denn du kennst das nicht, woraus er besteht. Auch dein Nächster, der nur in der Äußerlichkeit lebt, kennt sich selbst nicht, denn auch er weiß nicht, woraus er besteht. Er kennt sich also nicht, und du kennst ihn auch nicht. Kennt ihr euch beide also nicht, dann kennt ihr auch Gott nicht; daher ist jeder von euch einsam. Gott, der ewig liebende Vater, kennt jeden einzelnen, weil Er jedes Kind liebt und in Seinem großen Vaterherzen trägt.

Hierzu sprach unsere Schwester Gabriele in der Inneren Geist=Christus-Kirche, der weltweiten Prophetischen Volks-Lehrkirche:

Solange wir uns selbst nicht kennen, haben wir unser menschliches Ich nicht erforscht und auch nicht überwunden. Sprechen wir mit Gleichgesinnten, die sich ebenfalls nicht erforscht und erkannt haben, dann spricht jeder nur sein Unerforschtes, sein menschliches Ich. Beide sprechen wohl zueinander, doch sie sprechen aneinander vorbei, weil sich beide nicht kennen.

Alles ist in dir. Das Leben ist in dir, und du erfüllst es aus dir heraus.

Da sich alles zuerst in dir vollzieht, ist das ewige Sein schattenlos. Deshalb gibt es kein Oben und Unten, kein Vorne und Hinten, kein Rechts und Links.

Die All-Einheit ist ein mächtiger Kristall, der in allen Facetten Inneren Lebens funkelt, und jede Strahlung durchdringt jede Facette.

Der Mensch spricht von »oben« und »unten«, von »vorne« und »hinten«, von »rechts« und »links«, weil er nur mit den äußeren Augen sieht und nur die Reflexionen der Wahrheit registriert. Durch das menschliche Fehlverhalten schuf er die Verdichtung, wodurch die Denkweise der drei Dimensionen entstand, da er mit seinen physischen Augen nur wieder auf die Wände seiner selbstgeschaffenen Kokonwelt sieht und diese als real und als seine Lebensqualität annimmt.

Die Dichte, die Materie, ist nichts anderes als heruntertransformierte Gottesenergie, die Umpolung des Lichtes in Schatten.

Wer in dieser Schattenwelt des Menschen lebt, dessen Seele ist verschattet und ist als Mensch auf der Erde, um das abzutragen, was die Seele zur Verschattung des Ganzen beigetragen hat – außer das Wesen des Lichts kommt im Auftrag des Allmächtigen, um die Wege anzuzeigen, wie der Mensch, die verschattete Seele, aus dem Labyrinth seines dunklen Ichs herausfindet.

Erläuterungen:

Alles ist in dir. Das Leben ist in dir, und du erfüllst es aus dir heraus.

Da sich alles zuerst in dir vollzieht, ist das ewige Sein schattenlos. Deshalb gibt es kein Oben und Unten, kein Vorne und Hinten, kein Rechts und Links.

Die All-Einheit ist ein mächtiger Kristall, der in allen Facetten Inneren Lebens funkelt, und jede Strahlung durchdringt jede Facette.

Der Mensch spricht von »oben« und »unten«, von »vorne« und »hinten«, von »rechts« und »links«, weil er nur mit den äußeren Augen sieht und nur die Reflexionen der Wahrheit registriert.

Hierzu sprach unsere Schwester Gabriele in der Inneren Geist=Christus-Kirche, der weltweiten Prophetischen Volks-Lehrkirche:

»Da sich alles zuerst in dir vollzieht, ist das ewige Sein schattenlos.« Vergegenwärtigen wir uns: Die reinen Wesen des ewigen Seins leben im ewigen Strom, im Gesetz. Im ewigen Sein gibt es keine Projektionen. Das Gesetz ist ewig fließend, ewig durchstrahlend. Es ist absolut. Es ist der mächtige Strom, in dem das Wesen lebt und sein Dasein hat, aus dem es schöpft und gibt, im Strom seiend, sich bewegend und handelnd. Aufgrund dessen gibt es keine Schatten.

Nur der Mensch schafft Schatten; er schafft sie durch seine Projektionen. Denn er mißbraucht einen Teil der Kräfte, die Gott Seinen Fallkindern leihweise mitgegeben hat. Er nimmt diese positiven Kräfte, das ewige Gesetz, und polt sie um – von der göttlichen Liebe zur Eigenliebe.

Die Aspekte unserer Eigenliebe sind Projektionen. Die Schatten unserer Sünden legen sich auf unsere Seele; von unserer Seele aus strahlen sie in unseren Körper und gleichzeitig in die Gestirne des Computersystems der Reinigungsebenen. Das sind die Projektionen unseres menschlichen Ichs. Jeder trägt andere Schatten, je nachdem, welche Belastungen vorliegen.

Die Verschattungen unserer Seele zeigen sich in allen unseren menschlichen Lebensäußerungen. Licht und Schatten schauen durch unsere Augen; so, wie wir sehen, so sehen wir unsere Umwelt. So schafft die Menschheit ihre Welt, die aus nichts anderem besteht als aus der Summe aller Projektionen der einzelnen Menschen. Über unzählige Generationen vom Beginn des Falls an schufen wir Schatten und damit unsere Welt, weil der Mensch und das Menschliche Dichte sind, heruntertransformierte Energie, also umgewandelte Gottesenergie.

Was auf uns zustrahlt, sind ebenfalls Reflexionen. Wir nehmen nur wieder das wahr, was wir ausgesandt haben. So sehen wir unseren Nächsten. So hören wir unseren Nächsten.

So riechen, schmecken und tasten wir. Alles besteht aus unseren Projektionen, und die Reflexionen unserer Projektionen, die uns aus unserer Umwelt zustrahlen, sind wiederum das Ich, das Menschliche.

Deshalb gibt es in der Materie ein Oben und Unten, ein Vorne und Hinten, ein Rechts und ein Links, weil alles Dichte ist und wir immer nur auf die Wände sehen, auf die Dichte. Doch der Geist Gottes durchdringt die Dichte. Für Ihn gibt es kein Oben, kein Unten, kein Rechts, kein Links. Stellen wir uns vor, wir wären in einem Kristall, der sich ständig bewegt – wo ist da oben, wo ist unten, wo ist rechts und links, vorne und hinten?

Das ganze All ist wie ein Kristall. Alles durchdringt sich gegenseitig. Das heißt: Das ganze All, das reine Sein, ist alldurchstrahlende Kraft – das ewige Gesetz.

Durch das menschliche Fehlverhalten schuf er die Verdichtung, wodurch die Denkweise der drei Dimensionen entstand, da er mit seinen physischen Augen nur wieder auf die Wände seiner selbstgeschaffenen Kokonwelt sieht und diese als real und als seine Lebensqualität annimmt.

Die Dichte, die Materie, ist nichts anderes als heruntertransformierte Gottesenergie, die Umpolung des Lichtes in Schatten.

Wer in dieser Schattenwelt des Menschen lebt, dessen Seele ist verschattet und ist als Mensch auf der Erde, um das abzutragen, was die Seele zur Verschattung des Ganzen beigetragen hat – außer das Wesen des Lichts kommt im Auftrag des Allmächtigen, um die Wege anzuzeigen, wie der Mensch, die verschattete Seele, aus dem Labyrinth seines dunklen Ichs herausfindet.

Gabriele:

Unsere Kokonwelt ist das Plasma, unsere Aura.

Die Schatten unserer Seele strahlen durch unseren Körper und umgeben uns wie ein Kokon. In dieser Kokonwelt, gleich einem Plasma, leben wir. Wenn wir nun sprechen, dann sprechen wir an unser Plasma hin. Die Antwort ist das, was im Plasma liegt – nämlich wiederum wir selbst. Über das Plasma – nennen wir es auch Aura – sind wir mit den Gestirnen der Reinigungsebenen und mit den materiellen Gestirnen verbunden.

Es heißt: »Wie wir in den Wald hineinrufen, so kommt es wieder zurück.« Sehen wir es geistig, so heißt es: So, wie wir unser Ich aussenden, so kommt es wieder auf uns zurück. Auch wenn wir eine Antwort von einem unserer Nächsten erhalten, ist das so, denn: Was unser Nächster sagt, hören wir nur in unserem Plasma, und wir hören nur das heraus, was wir im Plasma – und somit auch in der Seele und in den Gestirnen – gespeichert haben. Das ist unsere enge Welt – und auf diese enge Welt sind viele Menschen so stolz!

Es ist unsere Aufgabe und unser Weg, dieses Plasma aufzulösen. Die Seelenhüllen sind dieses Plasma aus heruntertransformierter geistiger Strahlung, aus dem niederen Menschlichen. Die Seelenhüllen müssen wir mehr und mehr durchlichten und sie mit der Zeit auflösen. Dann strahlt durch unsere Seele das Göttliche; dann sind wir auch mit dem Göttlichen verbunden; unsere Aura ist dann das Göttliche, das Gesetz des Alls – und damit sind wir mit der ewigen Heimat geeint. So sind wir bewußte Wesen des Kosmos, weil wir eins sind mit dem All, eins mit dem ewigen Strom, weil wir im Strom, im ewigen Sein, in Gott, leben.

Wir müssen also unser Plasma mit Christus auflösen, um tiefer blicken zu können. Erst dann können wir in die Probleme unseres Nächsten hineinschauen und ihm helfen. Dann sehen wir nicht nur auf die Hülle, nicht nur auf den Menschen – wir sehen durch ihn hindurch, erfassen seine Gefühle und Gedanken und wissen, wie wir ihm helfen können, was wir ihm sagen können und wie wir mit allem, was uns begegnet, umgehen sollen.

Sind wir im Plasma, im Menschlichen, so sprechen wir aneinander vorbei. Jeder spricht sich selbst, gemäß seinem Plasma, gemäß seinen Schatten.

Willst du die Tempelordnung halten, dann mache dir bewußt: Das Leben ist ein Ganzes: es ist als Ganzes oben und unten, vorn und hinten, rechts und links. Hast du das erkannt und lebst du im Innersten deines Tempels, dann schöpfst du auch aus deinem Innersten.

Was für den Außenmenschen oben und unten, vorn und hinten, rechts und links ist, das ist für den Innenmenschen in ihm selbst das Leben, das Ganze.

Hältst du die Tempelordnung, dann lebst du im Tempel, im Allerheiligsten Gottes in dir, und du erfährst dich selbst. Hast du dich selbst als das Sein erfahren, dann kennst du deinen Nächsten, weil du das All, das Sein, kennst.

Du brauchst dann nicht zu suchen – du hast empfangen, weil das Sein ewig gibt. Es gibt in dir. Es strömt durch dich und offenbart sich in dir und in dieser Welt.

Erkennst du dich als das Sein und lebst du im Sein, dann brauchst du dich nicht umzuschauen, um die Wahrheit, das Sein, zu finden, weil du weißt, daß das, was hinten ist, das gleiche ist wie vorn. Du brauchst nicht nach rechts oder nach links zu schauen, denn du weißt, daß rechts und links das gleiche ist wie hinten und vorn. Du braucht weder nach oben noch nach unten zu schauen; du weißt, daß oben und unten das gleiche ist wie vorn und hinten, wie rechts und links: das Leben, das Große im Kleinsten und das Kleinste im Großen, in dir, dem Sein.

Merke dir und trage es stets mit dir:

Gott ist gegenwärtig; Gott ist überall alles.

Im Größten ist das Kleinste, im Kleinsten das Größte, Gott.

Hast du dich gefunden, dann hast du Gott gefunden, und du bist im All zu Hause. Dann brauchst du dich nicht nach dem All umzusehen, nicht nach rechts, nach links, nach oben, nach unten zu sehen – in dir ist das All; in dir ist Gott; in dir ist dein Nächster; in dir sind alle Kräfte der Naturreiche.

Hast du dich gefunden, dann schaust du alles in dir, weil du selbst alles in allem bist.

Merke dir abermals, und trage es bewußt in dir:

Hältst du deinen Tempel rein, dann hast du alles in dir erschlossen, und du hast auch Achtung vor dem Tempel deines Nächsten und Ehrfurcht vor dem Allheiligen, der in dir und in deinem Nächsten wohnt und in allen Lebensformen der Natur.

Du bist reich, denn das All ist in dir. Deshalb findest du alles in dir selbst – das Kleinste im Großen und das Große im Kleinsten.

Erläuterungen:

Willst du die Tempelordnung halten, dann mache dir bewußt: Das Leben ist ein Ganzes: es ist als Ganzes oben und unten, vorn und hinten, rechts und links. Hast du das erkannt und lebst du im Innersten deines Tempels, dann schöpfst du auch aus deinem Innersten.

Was für den Außenmenschen oben und unten, vorn und hinten, rechts und links ist, das ist für den Innenmenschen in ihm selbst das Leben, das Ganze.

Hierzu sprach unsere Schwester Gabriele
in der Inneren Geist=Christus-Kirche,
der weltweiten
Prophetischen Volks-Lehrkirche:

Empfinden wir uns hinein: *»Das Leben ist ein Ganzes; es ist als Ganzes oben und unten, vorn und hinten, rechts und links.«* Links oder rechts oder vorne oder hinten ist immer das

Ganze. Wo wir auch hinschauen, ist die Ganzheit, weil Gott nicht teilbar ist; Er ist immer das Ganze – in allem.

Blicken wir also nach vorne, dann sehen wir das Ganze. Schauen wir nach hinten, so sehen wir wieder das Ganze, weil Gott überall ist. Was ist dann vorne? Was ist dann hinten? Was ist rechts, links, oben, unten? Wenn in uns das Ganze ist, vorne, hinten, rechts, links, oben und unten – dann gibt es nur Einheit und nur das Ganze, überall gegenwärtig, und somit in uns.

Im ewigen Sein, unserer Heimat, gibt es kein Vorne, Hinten, Rechts, Links, Oben und Unten. Wir Menschen haben diese dreidimensionale Welt geschaffen – durch unser Denken und Streben im Eigenwillen, im Mein und Mir. Das Vorne, Hinten, Rechts und Links ist eine Folge der Veräußerlichung. Durch unsere Menschlichkeiten haben wir uns von unserem Inneren getrennt, haben wir uns von Gott abgewandt und unsere eigene Welt geschaffen, die Welt unseres menschlichen Denkens und Fühlens, unseres Wollens.

Infolgedessen blicken wir mit unserem Menschlichen nur wieder auf das Äußere, auf die Materie, in der Frage: Was ist vorn? Was ist hinten? Was ist rechts? Was ist links? Was ist oben? Was ist unten? – Das Geistwesen fragt nicht; nur wir, der Mensch, fragen: Was ist wo? Was ist vorne, hinten, rechts, links, oben oder unten? Wir fragen, weil wir uns selbst nicht kennen.

Erfahren und kennen wir uns selbst, unser wahres Sein, dann werden wir zwar – weil wir Mensch sind und in den drei Dimensionen leben – die Begriffe »oben, unten, vorne, hinten, rechts« und »links« verwenden – doch das, was vorne ist, durchschauen wir ebenso wie das, was hinten ist. Was rechts ist, durchschauen wir ebenso wie das, was links ist, ebenso was oben ist und was unten ist. Dann ist unsere Sprache nur noch ein Begriff, ein Mittel der Verständigung und der Orientierung im Bereich der Materie. Doch wir durchdringen alles, weil das Gesetz Gottes alles durchdringt.

Durchdringen wir alles, dann wandelt sich allmählich unsere Welt; dann lichtet und lokkert sich gleichsam die materielle Struktur; dann gibt es mit der Zeit nicht mehr die Dichte, weil wir sie gemeinsam auflösen durch die Verwirklichung der Gesetze Gottes.

Es ist die Aufgabe der Wesen im Erdenkleid, nicht nur sich selbst, sondern auch die Umwelt, den gesamten Planeten Erde in höhere Schwingung, in eine lichtere, feinere Struktur zu bringen. Die Vergeistigung des Lebens führt zur Höhertransformierung der Lebensformen. So verläuft die geistige Evolution der Menschheit und der Erde. Mit ihr wird auch die Einengung in die Begrenzung von Raum und Zeit schwinden.

Für uns ist es noch schwer, das zu begreifen, weil wir noch in diesen Programmen von vorne, hinten, oben, unten, rechts und links leben, in dem Programm der drei Dimensionen. In diesen drei Dimensionen laufen unsere irdisch-menschlichen Programme ab. So haben wir die Welt seit dem Fall geschaffen; so sehen wir sie nun, und so glauben wir, daß es richtig und in Ordnung sei.

In Wirklichkeit ist diese Welt nur ein Schattenreich, bestehend aus den vielen Schatten der vielen Menschen. Diese Welt besteht aus den Projektionen der unzähligen Wesen und Menschen, die seit dem Fall im Eigenwillen sendeten und empfingen und damit die Dichte schufen. In diese Dichte inkarnieren wir uns hinein und schaffen weiter – gemäß dem, was wir mitgebracht haben an Licht oder Schatten: Wir schaffen unsere Dichte oder unsere feinere Strahlung. Durch ein lichtvolles Denken und Leben tragen wir zur Durchlichtung des Lebens in dieser Welt und zur Durchlichtung unseres Planeten Erde bei.

Wir müssen umdenken, sonst verstehen wir das Gesetz Gottes nicht. Wir müssen uns bewußt machen: Was vorne ist, ist auch hinten, weil Gott in allem ist. Er ist das Ganze – unteilbar. Wachsen wir in folgendes Bewußtsein mehr und mehr hinein: Wer uns ruft, der hat im Ruf wieder das Ganze. Wer uns anspricht, der hat in der Frage wieder das Ganze. Wer auf uns zukommt, der kommt als Ganzes auf uns zu. Wohin wir schauen – wir schauen immer das Ganze, dann, wenn wir eingekehrt sind und die Tempelordnung halten, das heißt das Gesetz Gottes mehr und mehr erfüllen.

Dies alles sind Hinweise. Sie können uns das Bewußtsein, das Erfassen »Alles ist in allem – Gott, das Ganze« nicht direkt bringen – nicht so, wie man dem Nächsten eine Gabe bringt, die er in Empfang nimmt und sodann sein Eigen nennt. Diese Hinweise möchten uns anregen, diese geistige Dimension in uns selbst zu erschließen. Das wird nur dann möglich sein, wenn wir uns dafür öffnen, wenn wir zulassen, daß unsere inneren Bereiche davon berührt werden; denn das Innere Leben ist das Leben unserer Seele. Der Mensch, die Hülle, der menschliche Verstand, faßt es nicht.

Sind wir erfaßt von dem Wunsch, dem Göttlichen in uns näherzukommen, erkennen wir uns in den Augenblicken unserer Tage und befreien uns nach und nach vom Ballast des Menschlichen, so werden wir auch das, was uns in den Lehren des Absoluten Gesetzes geschenkt wird, mit in unser tägliches Leben nehmen.

Probieren wir es aus! Kommen in den nächsten Tagen Brüder und Schwestern auf uns zu, dann lassen wir uns in unserem Herzen bewußt werden: Es kommt das Ganze auf uns zu – Gott, weil Er unteilbar ist. Machen wir uns ebenso bewußt: In dem, was wir hören, ist das Ganze – weil Gott unteilbar ist. In dem, was wir sehen, ist das Ganze – weil Gott unteilbar ist. Was immer wir hören, riechen, schmecken und betasten – es ist immer das Ganze, weil Gott unteilbar ist.

Machen wir diese Übungen immer und immer wieder, dann lernen wir uns kennen. Lernen wir uns kennen, so hat das zur Folge, daß wir auch mit der Zeit unseren Nächsten kennen werden. Wir werden vor dem Leben Achtung gewinnen, weil in allem das Ganze ist.

In der Ameise ist das Ganze. Im Schmetterling ist das Ganze. Im Sandkorn ist das Ganze. Es kommt in der Ameise, im Schmetterling, im Sandkorn auf uns zu und zeigt sich uns. Und was sagt oftmals der Mensch? »Ein Sandkorn – was ist das schon! Da liegt es. Es ist unbedeutend.« So denken und sprechen wir, weil wir nur auf die Hülle schauen. Lernen wir, durch das Sandkorn hindurchzuschauen, dann erfassen wir es im Inneren und nehmen wahr, daß in ihm mehr, ja alles liegt – das Ganze, Gott. Dann erfassen wir: Was da liegt, ist nur die Hülle. In der Hülle, aus der Hülle strahlt uns das Sein entgegen – Gott.

Üben wir uns darin, das Ganze, das Leben, das Innere Leben, auch in den kleinsten Dingen zu erfassen, so spüren wir mehr und mehr: In uns und in allem ist die Kraft. Ist sie in uns lebendig – was ist dann »vorne«, was ist »hinten«, was ist »rechts, links, oben und unten«? Wenn das Ganze durch uns hindurchstrahlt, gleichsam aus allen Poren durch uns strahlt – was ist »vorne, hinten, rechts, links«? Es sind Begriffe, die uns helfen sollen, unser wahres Wesen zu erspüren, zu erahnen. Es sind Begriffe, die uns Mut machen sollen, in dieses schöne, edle, feine, reine Absolute einzutauchen, um frei zu werden, frei von unserem menschlichen Ich. Und so, wie wir frei werden, lassen wir auch unseren Nächsten frei.

Hältst du die Tempelordnung, dann lebst du im Tempel, im Allerheiligsten Gottes in dir, und du erfährst dich selbst. Hast du dich selbst als das Sein erfahren, dann kennst du deinen Nächsten, weil du das All, das Sein, kennst.

Du brauchst dann nicht zu suchen – du hast empfangen, weil das Sein ewig gibt. Es gibt in dir. Es strömt durch dich und offenbart sich in dir und in dieser Welt.

Gabriele:

Wer sich selbst kennt, der hat letztlich sein Menschliches überwunden. Mit dem, was er überwunden hat – mit der gewonnenen positiven Kraft –, schaut er auch seinen Nächsten.

Mit dieser Kraft der Überwindung sehen wir unseren Nächsten im rechten Lichte. Wir haben unser Menschliches überwunden, und unser Nächster ist dabei, Gleiches oder Ähnliches zu überwinden. Aufgrund dessen können wir ihn verstehen; wir haben Verständnis für ihn. Durch dieses innere Verstehen, durch das Verständnis, haben wir auch Zugang zu unserem Nächsten und können ihm so weit helfen, wie er es wünscht.

Leben wir im Tempel des Inneren, dann wissen wir auch, wie weit wir unserem Nächsten helfen können, was wir ihm sagen können und wie wir ihm begegnen sollen. Das Innerste weiß um alles, und wer im Innersten lebt, der empfängt für sich und für den Nächsten.

Deshalb: Wer sich selbst kennt, der kennt auch seinen Nächsten. Wer sich selbst überwunden hat, der weiß auch die Schritte für den Nächsten, wie dieser sein Menschliches überwinden kann. Wir können nicht für unseren Nächsten sein Menschliches überwinden, denn jeder muß sein Menschliches selbst mit Christus überwinden. Doch sind wir der Überwinder unserer niederen Natur, unseres Ichs, so kennen wir den Weg, weil wir diesen gegangen sind, heraus aus dem Menschlichen, heraus aus der Sünde.

Erkennst du dich als das Sein und lebst du im Sein, dann brauchst du dich nicht umzuschauen, um die Wahrheit, das Sein, zu finden, weil du weißt, daß das, was hinten ist, das gleiche ist wie vorn. Du brauchst nicht nach rechts oder nach links zu schauen, denn du weißt, daß rechts und links das gleiche ist wie hinten und vorn. Du brauchst weder nach oben noch nach unten zu schauen; du weißt, daß oben und unten das gleiche ist wie vorn und hinten, wie rechts und links: das Leben, das Große im Kleinsten und das Kleinste im Großen, in dir, dem Sein.

Merke dir und trage es stets mit dir:

Gott ist gegenwärtig; Gott ist überall alles.
Im Größten ist das Kleinste, im Kleinsten das Größte, Gott.

Hast du dich gefunden, dann hast du Gott gefunden, und du bist im All zu Hause. Dann brauchst du dich nicht nach dem All umzusehen, nicht nach rechts, nach links, nach oben, nach unten zu sehen – in dir ist das All; in dir ist Gott; in dir ist dein Nächster; in dir sind alle Kräfte der Naturreiche.

Hast du dich gefunden, dann schaust du alles in dir, weil du selbst alles in allem bist.

Merke dir abermals, und trage es bewußt in dir:

Hältst du deinen Tempel rein, dann hast du alles in dir erschlossen, und du hast auch Achtung vor dem Tempel deines Nächsten und Ehrfurcht vor dem Allheiligen, der in dir und in deinem Nächsten wohnt und in allen Lebensformen der Natur.

Du bist reich, denn das All ist in dir. deshalb findest du alles in dir selbst – das Kleinste im Großen und das Große im Kleinsten.

Gabriele:

»Hältst du deinen Tempel rein« - das heißt für uns: Bemühen wir uns täglich, unseren Tempel zu reinigen, dann werden wir nach und nach das ewige Gesetz erschließen. Dann gewinnen wir Achtung vor dem Tempel unseres Nächsten und Ehrfurcht vor dem Allheiligen.

Üben wir uns darin, in dem Bewußtsein: Haben wir Achtung vor dem Tempel unseres Nächsten? Lassen wir unseren Nächsten die Freiheit, oder zwingen wir sie, so zu denken, wie wir glauben, daß es richtig sei? Zwingen wir sie, so zu handeln, wie wir glauben, daß es richtig sei?

Fragen wir uns immer wieder: Haben wir Ehrfurcht vor dem Allheiligen, vor Gott in uns? Denken wir daran, daß jeder von uns der

Tempel des Heiligen Geistes ist, daß Gott, die allheilige Kraft, die Absolutheit, in uns wohnt. Machen wir uns das immer wieder bewußt. Insbesondere dann, wenn wir wieder in unsere alten Gewohnheiten und in unsere alten Denkmuster fallen wollen – machen wir uns bewußt: In uns wohnt Gott, das Allheilige. Dann spüren wir auch den inneren Reichtum – und merken zugleich, wie arm wir doch sind, wenn wir unser Menschliches pflegen.

Wir merken dann ganz allmählich, daß alles in uns ist, daß wir nur dann viel im Äußeren fragen »Was ist wann und wo?«, wenn wir Abstand vom Inneren haben. Dann sind wir im nur menschlichen Bewußtsein, sehen alles oberflächlich und erfassen nicht den Kern, das Wesentliche der Situation. Gebrauchen wir Worte wie »Wann ist was? Wann und wo?« nur, weil wir in der Zeit leben, so ist dies in unserem Menschenleben begründet. Fragen wir z.B. nach der Uhrzeit, um uns zu orientieren, dann ist das unsere Sprache, unser Verständigungsmittel, um uns auf dieser Erde zurechtzufinden.

Üben wir uns in der Tempelordnung! Erfahren wir uns selbst! Gewinnen wir Achtung vor unserem Nächsten! Dann erlangen wir die Freiheit, weil wir sie auch unserem Nächsten lassen.

Denken wir daran: Wir sind der Tempel Gottes, und Gott wohnt in uns. Entwickeln wir die Ehrfurcht vor Gott, dem Allheiligen – und wir spüren, daß wir Ebenbilder unseres Vaters sind.

Nehmen wir dieses Bewußtsein mit in unsere weiteren Erdentage, und denken wir immer wieder daran: Gott ist unser Vater, und wir sind Seine Kinder. Verwirklichen wir das, was wir in uns tragen: die Schönheit, die Reinheit, die Feinheit, das Edle, das Gute, die absolute Liebe, und wir kommen Gott und unserem wahren Sein näher. Dann erfahren wir, was es heißt, Perlen aus dem Urgrund des Seins zu empfangen. Dann sind wir die Perlenfischer des Inneren Lebens, die Schatzsucher, die zum inneren Reichtum finden.

Diese und weitere Details des ewigen Gesetzes lehrte Ich, Christus, als Jesus jene Meiner Apostel und Jünger, die es fassen konnten. Immer wieder jedoch mußte Ich ihnen auch den Weg zum ewigen Sein erklären, das Fallgesetz, das Gesetz von Saat und Ernte.

Das Fallgesetz ist heruntertransformierte Gottesenergie, die der Widersacher umpolte und gegen Gott anwenden wollte. Dieser Trugschluß trug die Wende in sich. Denn was der Mensch an Menschlichem sät, das erntet er – und nicht Gott oder sein Nächster.

Hierzu sprach unsere Schwester Gabriele in der Inneren Geist=Christus-Kirche, der weltweiten Prophetischen Volks-Lehrkirche:

Vor nahezu zweitausend Jahren rang Jesus schon mit Seinen Aposteln und Jüngern, damit sie das Gesetz von Saat und Ernte, das Fallgesetz, und das ewige Sein verstehen lernten.

Ein großer Schritt liegt hinter uns: Fast zweitausend Jahre. Immer noch ringen viele Menschen um das Erkennen von Saat und Ernte und des ewigen Seins.

In diesem Umbruch von der materialistischen Zeit zum Geistzeitalter erfassen immer mehr Menschen, was es bedeutet, im Kausalgesetz, im Fallgesetz, zu leben und in das ewige Gesetz hineinzuwandern. Das Gesetz von Saat und Ernte bringt immer wieder den Fall des niederen Ichs. Das ewige Gesetz bringt den inneren Frieden, die Gottnähe und den Aufstieg zurück in das Sein.

In Gott gibt es keine Neugierde. Wer sich aus Neugierde umsieht, der sieht nur sein niederes Selbst, sich, das Ich, und schaut nicht sein wahres Selbst – daher kennt er sich auch nicht. Der Neugierige ist auf Suche nach etwas Neuem, um etwas für sich zu gewinnen oder für sich zu gebrauchen, weil es ihm an inneren Werten mangelt.

Der Neugierige ist die Begierde, die Gier. Er sieht und hört nur sich selbst.

Der Neugierige, der neugierig nach rechts, links, nach vorn, hinten, oben und unten sieht, ist auch der Verängstigte, der überall Gefahr für sich sieht. Er ruht nicht in Gott und lebt daher auch nicht in Gott und schafft sich dadurch selbst das, wovor er sich ängstigt. Er lebt in der Welt der Begrenzung und der Dichte.

Wer sich vor anderen änstigt, der hat vor sich selbst Angst, er hat zu sich selbst kein Zutrauen. Für ihn ist die Dichte das

Reale und zugleich bedrohend. In seiner Ängstlichkeit ist er stets darauf bedacht, um sich zu blicken, damit ihm nichts geschieht. Neugierig blickt er nach vorn, nach hinten, nach rechts und nach links, nach oben und nach unten und wiegt sich so in Sicherheit, weil er der Ansicht ist, so den Umblick zu haben.

Der Umblick, das Sehen nach oben und nach unten, nach rechts und nach links, nach hinten und nach vorn sollte in der Dichte, auf der Materie, einzig zur Orientierung sein, denn eure physischen Augen sind für die Materie, für die Dichte, geschaffen. Wer es so hält, der bleibt im Tempel des Inneren und beachtet die Tempelordnung.

Der wahre Weise ist der Kluge, der im Allerheiligsten bleibt und dort die Stille wahrt. Im Tempel der Stille empfängt der wahre Weise, der Kluge, Gottes unmittelbare Weisungen und Gottes Heil.

Bist du im Gesetz Inneren Lebens geübt, dann empfindest und denkst du göttlich und sprichst Sein Wort, das du bist – göttlich.

Erläuterungen:

In Gott gibt es keine Neugierde. Wer sich aus Neugierde umsieht, der sieht nur sein niederes Selbst, sich, das Ich, und schaut nicht sein wahres Selbst – daher kennt er sich auch nicht. Der Neugierige ist auf Suche nach etwas Neuem, um etwas für sich zu gewinnen oder für sich zu gebrauchen, weil es ihm an inneren Werten mangelt.

Hierzu sprach unsere Schwester Gabriele
in der Inneren Geist=Christus-Kirche,
der weltweiten
Prophetischen Volks-Lehrkirche:

Mit diesem Lehrsatz blicken wir vorübergehend erneut in das Kausalgesetz hinein, um zu verstehen, was menschlich ist – um sodann aus dem Menschlichen herauszuwachsen in die ewige Substanz, in unser ewiges kosmisches Wesen.

Die inneren Werte sind die göttliche Ordnung, der göttliche Wille, die göttliche Weisheit, der göttliche Ernst, die Geduld, die Liebe und Barmherzigkeit. Mangelt es uns in diesen Aspekten, dann sind wir auf der Suche nach Neuem. Diese Suche nach Neuem ist jedoch eine scheinbare. In Wirklichkeit sucht die Seele nach dem Ewigen; denn die erwachte Seele ist beständig auf Suche nach dem Licht Gottes; sie ist beständig auf Suche, um wieder einzutauchen in den Ursprung des Lebens, zurückzukehren zu Gott.

Wie schwer hat es die erwachte Seele im Menschen – dann, wenn der Mensch noch seine menschlichen Programme pflegt! Zwischen der erwachten Seele und den menschlichen Programmen gibt es oftmals Dissonanzen, Diskrepanzen. Der Mensch wird unruhig; er sucht. Er sucht – wie er meint, nach neuen Dingen. In Wirklichkeit ist es die suchende Seele, die sich nach dem Licht des Vaters sehnt und dem Menschen übermittelt: Bereinige dein Menschliches, und finde Gott in mir!

Der Neugierige ist die Begierde, die Gier. Er sieht und hört nur sich selbst.

Der Neugierige, der neugierig nach rechts, links, nach vorn, hinten, oben und unten sieht, ist auch der Verängstigte, der überall Gefahr für sich sieht. Er ruht nicht in Gott und lebt daher auch nicht in Gott und schafft sich dadurch selbst das, wovor er sich ängstigt. Er lebt in der Welt der Begrenzung und der Dichte.

Gabriele:

Die verängstigte, die lichtarme und verirrte Seele ist auch der verängstigte, der gebundene und geistig blinde Mensch. Ist die Seele erwacht, dann hat sie keine Angst mehr. Sie spürt das Licht – und doch kann sie nicht zum Licht gelangen, weil der Mensch seine Seele vergewaltigt. Er bremst sie gleichsam ab; er läßt nicht zu, daß sie dem Licht näher kommt.

Sind wir bestrebt, uns im Äußeren abzusichern, nach rechts und nach links, nach vorne, hinten, oben und unten zu sehen, um allen Gefahren aus dem Weg zu gehen, so werden wir ihnen dadurch nicht entrinnen – wir werden ihnen begegnen; wir ziehen die Gefahren, das, was wir fürchten, an. Wovor wir uns fürchten, das wird früher oder später über uns hereinbrechen.

Wir wissen und können es in jedem Augenblick an uns selbst erfahren: Wohin wir blicken, von dort werden wir angeregt, zu denken – und jeder Gedanke kann zum Ausgangspunkt für ein komplexes menschliches Programm werden.

Sind wir neugierig, um dies und jenes zu sehen – Dinge, die wir unter Umständen gar nicht sehen sollen –, so werden wir von diesen Dingen, die heute noch nicht zu unserer Tagesenergie gehören, angeregt zu denken. Dann wird uns das Beschreiten des Inneren Weges unter Umständen sehr schwer; denn auf diese Weise rufen wir Sünden zu früh ab, die uns dann über Gedanken bewußt werden. Dieses

Negativpotential, das wir unter Umständen noch gar nicht bereinigen können, weil der Tag es noch nicht vorgesehen und auch die Energie zu seiner Lösung und Tilgung noch nicht mitgebracht hatte, kann uns nun zum Fallstrick werden.

Die Sünden, unsere zur Unzeit geweckten und herbeigerufenen Belastungen, fallen über uns herein und lassen uns keine Ruhe mehr. Sie zwingen uns, weiterzudenken. Denken wir nun weiter, vermögen wir sie nicht zu beherrschen, so werden wir von ihnen beherrscht. Wir schaffen dadurch weitere Programme. Je mehr menschliche Programme wir schaffen, desto begrenzter, also eingeengter sind wir im Fühlen, im Denken, Reden und Tun.

Deshalb sollten wir unsere Neugierde betrachten: Wonach gieren wir? Woran mangelt es uns? Die Mängel zeigen sich in unserem Fühlen und Denken.

Spüren wir ein vages Unbehagen, dann sollten wir uns diesem Gefühl kurz widmen. Es steigt empor und offenbart sich in Gedanken; unsere Gedanken können wir besser fassen als unsere Gefühle. So werden wir auch unsere Neugierde ergründen und überwinden.

Leben wir bewußt! Immer dann, wenn wir uns umblicken, stellen wir uns sogleich die Frage: Wonach blicken wir uns um? Warum? Was rufen wir ab? All das will uns etwas sagen. Unser Leben ist interessant – dann, wenn wir uns kontrollieren!

Wer sich vor anderen ängstigt, der hat vor sich selbst Angst, er hat zu sich selbst kein Zutrauen. Für ihn ist die Dichte das Reale und zugleich bedrohend. In seiner Ängstlichkeit ist er ständig darauf bedacht, um sich zu blicken, damit ihm nichts geschieht. Neugierig blickt er nach vorn, nach hinten, nach rechts und nach links, nach oben und nach unten und wiegt sich so in Sicherheit, weil er der Ansicht ist, so den Umblick zu haben.

Der Umblick, das Sehen nach oben und nach unten, nach rechts und nach links, nach hinten und nach vorn sollte in der Dichte, auf der Materie, einzig zur Orientierung sein, denn eure physischen Augen sind für die Materie, für die Dichte, geschaffen. Wer es so hält, der bleibt im Tempel des Inneren und beachtet die Tempelordnung.

Gabriele:

Haben wir die Neugierde bezwungen, haben wir also das bereinigt, was unsere Neugierde zum Ziel und zum Inhalt hatte, dann finden wir in unseren Tempel; wir kommen immer tiefer in das Innerste – zum Allheiligen, zu Gott, der in uns wohnt.

Es sei noch einmal deutlich gesagt: Der Mensch, der Erdbewohner, benötigt zu seiner irdischen Orientierung auch seinen Sehsinn. Unser physisches Auge blickt nach vorne, nach hinten, nach rechts und links. Wir müssen uns umdrehen, um uns zu orientieren. Das ist so, weil wir in der Dichte leben. Das ist nicht die Neugierde.

Als Menschen müssen wir uns umsehen und nach rechts und nach links blicken. Letzten Endes schauen wir immer wieder auf die Wände der drei Dimensionen, gewissermaßen auf die Mauern des menschlichen Ichs. Das reine Wesen hingegen, die göttliche Intelligenz, unser wahres Selbst als Substanz und Kraft in Gott, schaut alles in sich selbst. So schaut unser inneres Wesen alles, was auf uns zukommt. Alles, was in der Unendlichkeit schwingt, ist auch in uns.

Die Impulse aus dem All kommen im reinen Wesen, in seinem Inneren, an. Das reine Wesen ist nicht – wie wir Menschen – auf Ansprache von außen angewiesen. Es nimmt die Impulse im Inneren wahr, sieht zugleich das Bild, das der Impulsgeber sendet, weiß zugleich, was der Impulsgeber möchte, und kennt auch sofort die Aufgabe und die Lösung.

Für uns Menschen in der Dichte ist es also erforderlich, daß wir uns umsehen – der Orientierung, nicht der Neugierde wegen. Ruhen wir jedoch im Tempel, in unserem Inneren, dann werden wir ebenfalls die Impulse bekommen, die wir für heute, für diesen Tag, benötigen. Wir brauchen uns dann nicht neugierig umzusehen. Was wir erfahren sollen, das werden wir erfahren; was wir sehen sollen, das werden wir sehen; denn unsere fünf Sinne sind gereinigt, ethisch, fein und sind auf das vollkommene Bewußtsein in uns ausgerichtet. Auf diese Weise kann Gott, der Allheilige, unser ewiger Vater, Sein Kind führen.

Diese unmittelbare Führung Gottes zu erlangen – das ist die Aufgabe der Seele im Erdenkleid. Ihr steht auf dem Weg dorthin eine mächtige Kraft zur Seite: die Kraft Christi.

Solange Gott, der Vater, das Absolute Gesetz, uns noch nicht zu erreichen, noch nicht unmittelbar zu führen und zu leiten vermag, ist Christus uns Wegbegleiter, Helfer und Erlöser. Durch Sein Vollbracht reicht Er uns jeden Augenblick die Hand und führt uns über Klippen, über Täler und Höhen, über steinige Pfade hin zu Gott, unserem Vater, hin zum Licht, hin zum vollkommenen, reinen Wesen, das wir in Wahrheit sind.

Der wahre Weise ist der Kluge, der im Allerheiligsten bleibt und dort die Stille wahrt. Im Tempel der Stille empfängt der wahre Weise, der Kluge, Gottes unmittelbare Weisungen und Gottes Heil.

Bist du im Gesetz Inneren Lebens geübt, dann empfindest und denkst du göttlich und sprichst Sein Wort, das du bist – göttlich.

Gabriele:

Haben wir dies erreicht, dann sind wir vollkommenes Bewußtsein, vollkommene Intelligenz, vollkommene Substanz im vollkommenen Leben Gott.

Wer als Tropfen im Ozean Gott lebt, der ist zum Gesetz Gottes geworden. Der Tropfen ist die Essenz des ganzen Ozeans. Alle Tropfen bilden wiederum den Ozean, Gott. Ein Tropfen ist dem anderen Tropfen gleich, weil alles in einem enthalten ist. Deshalb durchdringen alle Tropfen einander und bilden den Ozean, das Allgesetz, Gott.

Das Allgesetz, Gott, ist das Allerheiligste in dir. Dort ist absolute Stille.

Erläuterungen:

Wer als Tropfen im Ozean Gott lebt, der ist zum Gesetz Gottes geworden. Der Tropfen ist die Essenz des ganzen Ozeans. Alle Tropfen bilden wiederum den Ozean, Gott. Ein Tropfen ist dem anderen Tropfen gleich, weil alles in einem enthalten ist. Deshalb durchdringen alle Tropfen einander und bilden den Ozean, das Allgesetz, Gott.

Hierzu sprach unsere Schwester Gabriele
in der Inneren Geist=Christus-Kirche,
der weltweiten
Prophetischen Volks-Lehrkirche:

Alle Tropfen im Ozean Gott durchdringen einander, weil jeder Tropfen das ewige Gesetz ist. Der Tropfen im Ozean Gott ist das komprimierte Gesetz, ist die göttliche, die vollkommene Substanz im Strom des Alls, im fließenden Gesetz. Dieses fließende Gesetz ist das

Licht; es durchdringt und durchstrahlt jeden Tropfen, und jeder Tropfen durchdringt wiederum den anderen.

Das bedeutet, daß es in der Unendlichkeit keine Schatten gibt, sondern nur Licht, keine Nacht und keinen sogenannnten Tag – der sich uns Menschen nur dadurch zeigt, weil das Licht der irdischen Sonne den Teil des Erdplaneten anstrahlt, der sich ihr zuwendet. Im ewigen Sein gibt es einzig das ewige Gesetz, das Licht, das ewig strömt und alles durchstrahlt. Weil das ewige Gesetz, das Licht Gottes, alles durchglüht, deshalb gibt es ausschließlich den Gottestag und keine Nacht; denn Gott strahlt ewig.

Gott ist Licht. Gott ist Harmonie. Gott ist die Unendlichkeit. Gott ist das All. Die Harmonie Gottes ist ewig strömendes, rhythmisches Leben. Die Rhythmen des ewigen Seins sind absolut harmonisch. Sie sind die Sphärenklänge der Ewigkeit.

Wir alle sind Wesen der Ewigkeit; denn unser geistiger Leib ist unsterblich. Unser unsterbliches, reines Wesen ist das Gesetz des

Alls, ist Harmonie, ist Symphonie, ist Klang, Farbe und Form. Gott, der Ewige, hat uns geschaffen. So, wie Er ist – Harmonie, selbstlose Liebe, Friede, Symphonie, Einheit, Schönheit, Reinheit, selbstlose Liebe –, so sind auch wir im ewigen Sein. Infolgedessen sind wir das Sein in Gott, dem Sein. Gott ist strömendes Leben – wir sind Substanz des Lebens, eingebettet in den ewigen Strom, Gott. Wir sind der Tropfen im Ozean, Gott.

Unsere Seele, die in sich den Tropfen aus dem Ozean, Gott, birgt, hat oftmals unter der Starrheit und Uneinsichtigkeit ihres Menschen zu leiden. Damit die Strahlkraft unseres innersten Wesens mithelfen kann, die Schale unseres Menschlichen zu erweichen, sollten wir uns des öfteren bewußt machen und bejahen, woher wir kommen, wer wir sind und was unsere Aufgabe in diesem Erdenleben ist.

Unser ewiger Vater gab Sich aus Seinem Allgesetz, dem Strom, die Form. Er ist formgewordenes Sein – so, wie wir alle als reine Wesen in der ewigen Heimat formgewordenes Sein sind, Substanz des Alls. Durch unsere geistige Form sind wir die Ebenbilder unseres ewigen Vaters. Wir sind nicht nur ein Ton, ein Klang, ein Baustein des Alls, nicht ein schwebendes Etwas – wir sind Erben der Unendlichkeit, formgewordenes strömendes Sein, der Tropfen.

Alles, was in der Unendlichkeit schwingt, ist in uns, hat in uns als dem reinen Wesen Form angenommen. Die reine Form ist das Bewußtsein des Alls, das unermüdlich strahlt, das sich unermüdlich mitteilt, weil Gott nicht Stillstand ist, sondern strömendes Leben.

In dieses ewige, heilige Bewußtsein, in unser wahres Sein, muß jeder von uns wieder finden; denn unser wahres Sein ist unsterblich – es ist von Gott, weil Gott es geschaffen hat. Dieses unsterbliche Sein in uns, das formgewordene All, ist der geistig-göttliche Leib, den jeder von uns in sich trägt. Der formgewordene, göttliche Leib, die Substanz des Alls, hat sich verschattet durch unser Fehlverhalten, durch unsere Zuwiderhandlungen gegenüber Gott. Die Schatten, die Sünden also, umschließen den geistigen Leib, unser hehres, geheiligtes Bewußtsein.

Wir sind auf dieser Erde, um die Schatten mit der Hilfe Christi, unseres Erlösers, zu bereinigen oder abzutragen, damit unser reiner Leib, die Substanz des Alls, wieder hervortreten kann.

Alle Menschen besitzen eine Seele, die feinstoffliche Substanz, die in uns wirkt. Dieser feinstoffliche, belastete Leib durchdringt den physischen Körper. Er durchdringt uns über unsere Nervenbahnen und über alle Funktionen unseres Leibes. Je nachdem, wie wir reagieren, reagiert auch unsere Seele. Je nachdem, wie wir denken, reagiert auch unsere Seele. Je nachdem, was wir sprechen und wie wir sprechen, reagiert unsere Seele. Denn unsere Gedanken prägen unsere Seele, und unsere Seele prägt wiederum unseren Körper. Alle Facetten unserer Seele, alle Bewegungen in den Seelenhüllen, alle Veränderungen sind in den Gestirnen registriert.

Sind wir uns bewußt, daß wir auf Erden sind, um wieder göttlich zu werden, dann vollziehen wir auch den ersten Schritt, in unserem Leben Ordnung zu schaffen, unsere menschlichen Gedanken zu entwirren in der

Frage: »Was denke ich?« Ordnen und klären wir schrittweise die Welt unseres Denkens, dann werden wir uns auch mehr und mehr erkennen und selbst die Erfahrung machen, wer wir sind. Nur die Selbsterkenntnis kann uns sagen, wer wir gegenwärtig noch sind; sie zeigt unser Menschliches auf, das wir mit der Hilfe Christi bereinigen sollen.

Haben wir es mit der Hilfe Christi bereinigt, dann gilt es, das erkannte Menschliche, die Sünde, nicht mehr zu tun. Dieser Schritt, die Umsetzung des Positiven, gelingt uns nicht immer gleich. Durch die Bereinigung mit der Hilfe Christi ist das Negativpotential dieses erkannten und bereinigten Sündhaften von unserer Seele gewichen; es hat sich in positive Kraft verwandelt – doch in unserem Gehirn sind noch immer die entsprechenden negativen Programme. Um nun nicht mehr wie bisher zu empfinden, zu denken und zu handeln, müssen wir zur Anwendung des Höheren, Gesetzmäßigen, gelangen, uns höhere Werte und höhere Ideale vorgeben, um den nächsten Schritt hin zu Gott, zu unserem göttlichen Erbe, tun zu können.

Christus, unser Erlöser und göttlicher Bruder, gab uns den Einblick in unser wahres Erbe, in unser wahres Sein. Vollziehen wir die ersten Schritte hin zu unserem göttlichen Wesen, dann erkennen wir schon, wohin es geht. Es geht zurück zu dem, was wir waren und in Ewigkeit sind: ewiges Gesetz, formgewordenes, ewiges Sein.

Christus gab uns Seine großen kosmischen Lehren. Darin schwingt das ewige Gesetz, unsere ewige Heimat, unser wahres Sein, das höchste Ziel, die Vereinigung mit Gott, unserem Vater.

Das Allgesetz, Gott, ist das Allerheiligste in dir. Dort ist absolute Stille.

Gabriele:

Der Innere Weg zu Gott, zu unserem wahren Sein, ist der Weg in die absolute Stille.

Die innere Stille ist der Friede. In der inneren Stille gibt es nichts Drängendes, nicht das Wollen, nicht das Mein und Mir.

Ruhe in dir – du bist.

Du bist das Sein, das sich an nichts reibt, über nichts erregt und an nichts Anstoß nimmt. Du bist das Sein– du durchschaust alles und alle; deshalb durchdringst du auch alles und alle.

Wer sich im Vorhof des Tempels bewegt oder auf den Straßen zum Tempel, wer also noch nicht in den Tempel eingekehrt ist, der lebt noch in der Unordnung seiner Empfindungs- und Gedankenwelt. Infolgedessen sieht er auch nur sich selbst, sein niederes Selbst, und spricht auch nur von sich selbst, seinem niederen Selbst, weil sein Bewußtsein die Unordnung noch nicht zu erfassen und zu durchdringen vermag.

Ein solcher Mensch spricht also nur sich selbst und sieht auch nur sich selbst und hört auch nur sich selbst – und kann auch deshalb seinen Nächsten weder schauen noch verstehen und hören, weil er nur sich selbst sieht und nur sich selbst spricht und nur sich selbst hört.

Solche Menschen haben kein Empfinden für ihre Nächsten. Was ihre Nächsten sprechen, das verstehen sie nicht, weil sie sich selbst nicht verstehen, da sie durch die Unordnung ihrer Empfindungen, Gedanken, Worte und Handlungen und durch ihre groben und gierenden Sinne nicht hindurchzublicken vermögen. Sie sind verwirrt, weil ihre Empfindungs- und Gedankenwelt wirr ist.

Das Wahre und das Alldurchdringende vollzieht sich einzig im Innersten deines Tempels, im Allerheiligsten – mit dem Allheiligen und durch den Allheiligen, Gott.

Einzig in dir schaust und erkennst du, wieviel der Gaben aus dem Schatz des Innersten du deinem Nächsten geben kannst – was er aufzunehmen vermag, um geistig zu wachsen und zu reifen. In dir also schaust und hörst du das Quantum, das du deinem Nächsten reichen darfst, was ihm dann auch zum Wohle gereicht.

Wisse: Wenn du das Sein geworden bist, dann ist alles und sind alle in dir. In dir und durch dich schaust, hörst, riechst, schmeckst und tastest du, denn alles, was das Äußere in sich birgt, das ist das Leben in dir.

Deshalb wohne in dir; dann schaust du in allem auch dich, das Selbst, weil du das Selbst, das Sein, bist und alles wiederum das Selbst, das Sein, ist. Dann schaust du den Teil deines wahren Selbst im Mineral, in der Pflanzenwelt, in der Tierwelt und in den Gestirnen und nimmst alles Reine in dir, dem Reinen, wahr, als Licht, als Kraft, als einen Teil von dir. Was du im Äußeren schaust, das hat im Inneren, wie auch du, Licht und Kraft in sich, ist also als Essenz in dir und somit ein Teil von dir.

Wer in diesem edlen, feinen und reinen Bewußtsein lebt, der wird keine äußere Lebensform mutwillig zerstören, weil er dann diesen Lebensteil in sich selbst stört und somit zum Gestörten wird, der alles zerstört, von dem er glaubt, daß es ihm nicht diene. Durch diese Veräußerlichung entstanden Krieg, Mord und Entzweiung.

Erkenne, das besagt: Das, was du mutwillig tötest, Menschen, Tiere und Pflanzen, das verschattest du in dir; du störst dein eigenes Leben und bleibst der Gestörte, der Ichmensch, der zerstörend auf seine Umwelt einwirkt.

Du schaust das Sein in allem einzig in dir. Deshalb brauchst du nicht den Umblick – du hast die Umsicht in dir selbst.

Erläuterungen:

Ruhe in dir – du bist.

Du bist das Sein, das sich an nichts reibt, über nichts erregt und an nichts Anstoß nimmt. Du bist das Sein – du durchschaust alles und alle; deshalb durchdringst du auch alles und alle.

Hierzu sprach unsere Schwester Gabriele
in der Inneren Geist=Christus-Kirche,
der weltweiten
Prophetischen Volks-Lehrkirche:

Sind wir ruhig geworden, haben wir mit Christus unser Menschliches bereinigt, dann ruhen wir in Christus – und wir s i n d . Das Gesetz i s t – und hat keine Frage; es braucht nicht zu fragen, weil es i s t . Und wer das Gesetz i s t , der weiß um alle Dinge, weil er vollkommene Intelligenz ist, also das Ebenbild Gottes.

Solange wir an etwas Anstoß nehmen, zeigt dies: Uns fehlt etwas. Wir sehen etwas falsch.

Wir haben nicht den Durchblick. Wir stoßen uns an dem, was wir nicht durchblicken. Doch die vollkommene Intelligenz, die Weisheit Gottes, hat den Durchblick. Sie durchschaut die Dichte; sie erkennt und weiß um die Tiefe. Sie schaut auch, woraus die Dichte besteht und was hinter der Dichte abläuft.

Der Weg zu Gott ist der Weg, die Dichte, die Sünde der Seele, zu überwinden, um in das vollkommene Leben einzutauchen, die vollkommene Intelligenz zu werden, das vollkommene Bewußtsein, das um alle Dinge weiß, das alles durchschaut, weil es das Sein im Strom des Seins ist. Auf dem Inneren Weg gehen wir diese Schritte hin zu unserem göttlichen Erbe, hin zu unserem Sein, hin zu unserem wahren Leben, das vollkommen ist.

Jesus sprach, und Christus spricht heute wieder: »Das Reich Gottes ist inwendig in euch.« Deshalb sollten wir in das innere Reich hineinwandern, in unsere Heimat; denn das äußere Reich, diese Welt, vergeht. Bestand haben einzig der Christus-Gottesgeist und das Reich des Friedens in uns.

Erfassen wir, welch einen Schatz uns Christus erneut offenbart hat, das Reich des Inneren, das Absolute Gesetz, unser geistiges Erbe! Wir müssen nicht mehr suchen; wir brauchen nicht mehr zu fragen: »Wer sind wir? Was ist unsere Heimat? Wie lauten die Gesetze der ewigen Heimat? Was ist unser göttliches Erbe?« Christus hat uns die Antwort gegeben. Er schenkt uns Einblick in unser wahres Leben, in unser wahres Sein; Er gibt uns auch die Kraft, die wir benötigen, um das innere Reich, unser geistiges Erbe, erschließen zu können.

Christus möchte, daß wir friedvoll werden, daß wir miteinander leben und füreinander sind. Wie es im Himmel ist, so soll es auch auf Erden werden. Auf Erden kann es nur dann werden, wenn w i r in Christus werden und reifen, wenn wir die Gebote des Lebens erfüllen – letzten Endes unser wahres Leben, so daß wir wieder erfüllte Wesen sind, Wesen in Gott, unserem ewigen Vater.

Uns ist geboten, keine Kraft zu mißbrauchen; denn die Reaktion darauf wird um vieles größer sein. In dieser Welt wird viel Energie vergeudet. Die Folge sind die Reaktionen, von denen wir täglich hörten und hören, von denen wir lesen, die wir sehen und erleben.

Wir Menschen sollten deshalb auf unsere Worte achten. Bevor wir sprechen, sollten wir die Worte in der Tiefe erfassen und in der Frage abwägen: Sind sie gesetzmäßig – oder wollen wir uns darstellen? Möchten wir aus dem Brunnquell des Lebens schöpfen, aus dem ewigen Gesetz, aus unserem geistigen Erbe – oder möchten wir damit für uns etwas erreichen?

Ein Merksatz für uns: Erwecken wir jedes Wort in uns zum Leben – dann erst erleben wir, was Worte bedeuten und was sie uns bringen. Das Wort erwecken wir dann in uns zum Leben, wenn wir es selbst prüfen: Ist es menschlich – oder ist es selbstlos, göttlich? Worte, seien sie göttlich oder ungöttlich, kristallisieren sich zu Energieformen; sie werden zu Bildern. In den Bildern formiert sich das, was wir in das Wort hineingelegt haben, unsere Gefühle, Empfindungen und Gedanken. Unsere Worte nehmen also Form an; sie werden lebendig. Sie bleiben in unserer Aura und strahlen aus. Sie ziehen wieder das an, was in unserer Aura schwingt: die Gedankenformen, gleich Gedankenbilder, die auch in unserer Aura aktiv sind.

Deshalb sollten wir uns täglich bemühen, unsere Worte zum Leben zu erwecken, damit wir erleben, was Worte bedeuten und was Worte uns bringen.

Ein weiterer Merksatz: Was wir hören oder sehen, sollten wir erst dann an- und aufnehmen, wenn wir es in die Wahrheit, in das ewige Gesetz, gestellt haben. Dies ist uns jedoch erst dann möglich, wenn uns das ewige Gesetz, unser göttliches Erbe, bekannt ist.

Christus gab uns das ewige Gesetz, gab uns die Vorschau auf unser wahres Leben, damit wir unser Ziel kennen; Er gab und gibt uns auch die Wegweisung dorthin.

Wer sich im Vorhof des Tempels bewegt oder auf den Straßen zum Tempel, wer also noch nicht in den Tempel eingekehrt ist, der lebt noch in der Unordnung seiner Empfindungs- und Gedankenwelt. Infolgedessen sieht er auch nur sich selbst, sein niederes Selbst, und spricht auch nur von sich selbst, seinem niederen Selbst, weil sein Bewußtsein die Unordnung noch nicht zu erfassen und zu durchdringen vermag.

Gabriele:

Solange wir uns mit unserem Menschlichen beschäftigen, sprechen wir uns selbst. Wir können nichts anderes sprechen oder besprechen als uns selbst; denn unsere Worte, unsere Begriffe, all unsere Gedanken, Wünsche und Vorstellungen sind als Programme im Gehirn und sind im Speichersystem der Gestirne. Mit dem, was wir eingegeben haben, stehen wir beständig in Kommunikation; es ist unser menschliches Selbst.

Das, was wir eingegeben haben, ist unser Repertoire. Das steht uns zur Verfügung, wenn wir uns unterhalten; von dem sprechen wir; das sind wir – und darüber hinaus ist nichts möglich. Das ist die Enge unseres menschlichen Ichs.

Wir sprechen also nur von uns selbst. Unterhalten wir uns mit unserem Nächsten und leben wir beide im Kausalgesetz, im Gesetz von Saat und Ernte, so spricht jeder nur sich selbst. Deshalb gibt es die vielen Wirren, die vielen Mißverständnisse, weil keiner auf den anderen einzugehen vermag. Beide verstehen nur die Oberfläche ihrer Worte; sie können sie nicht durchschauen, um die Inhalte zu erfassen, weil sie noch nicht zum göttlichen Gesetz gefunden haben, zum vollkommenen Bewußtsein, das um alle Dinge weiß, das alles durchschaut, das alles erfaßt, das jede Antwort und Lösung kennt.

Wir sprechen uns selbst – und sprechen aneinander vorbei, weil wir einander nicht verstehen. Wie oft hören wir: »Du verstehst mich nicht.« Unser Nächster k a n n uns nicht verstehen, weil auch er nur sich selbst spricht – und wir sprechen ebenfalls uns selbst, und zwar gemäß dem, was wir in unsere Seele, in unser Gehirn und auch in den Kausalcomputer eingegeben haben. Tagtäglich spulen wir unsere menschlichen Programme ab. Das geht so lange, bis wir diese Menschlichkeiten bereinigen und zum vollkommenen Bewußtsein gelangen, das um alle Dinge weiß, das alles durchschaut, das in allem ist.

Die Gedankenwelt, die uns heute massiv bewegt, ist auch unser Gestern. Bereinigen wir es heute nicht, dann ist es auch unser Morgen.

Wir sind auf Erden, um göttlich zu werden. Das heißt für uns: Wir sollten jeden Tag unser Menschliches erkennen und es mit Christus bereinigen.

Betrachten wir, was wir allein am heutigen Tag gedacht haben, so können wir uns die Frage stellen: Waren das auch unsere Gedanken von gestern, von vorgestern? Waren es die

Gedanken und Wünsche, die wir schon vor Wochen, Monaten, vor Jahren gehegt haben? Mit unserer ehrlichen Antwort auf unsere Frage sagen wir uns selbst, was wir in das Speichersystem des Gesetzes von Ursache und Wirkung eingegeben haben.

Was registriert ist, kommt wieder auf uns zurück. Mit diesen Programmen stehen wir in Kommunikation; denn wir haben dieselben Programme im Gehirn – also im Oberbewußtsein –, im Unterbewußtsein, in der Seele und in den Speichergestirnen des Kausalbereiches. Das ist unser menschliches Erbe, unsere persönliche Ich-Welt. Das ist das, worin wir leben, womit wir kommunizieren, was uns bewegt, was uns belastet und steuert.

Haben wir von dem Speichergut unseres Menschlichen einiges erfaßt, so sollten wir es nicht lange in uns bewegen oder von uns schieben. Wir sollten es auf der Stelle mit Christus bereinigen, denn im Augenblick der Erkenntnis ist die Kraft zur Überwindung des Negativen gegeben.

Tun wir den Fehler, das niedere Menschliche, nun nicht mehr, so ist es umgewandelt.

Die Negativenergie, das Sündhafte, wurde durch die umwandelnde Kraft Christi zur Positivenergie und ist im Speichersystem des Kausalcomputers gelöscht.

Durch die Eingaben in das Computersystem stehen wir immer wieder mit unserem niederen Selbst in Kommunikation. Wir können gar nichts anderes schauen, nichts anderes hören, riechen und schmecken außer uns selbst.

Kehren wir wieder zurück in das ewige Gesetz, Gott, und vergegenwärtigen wir uns das hohe Prinzip: Jedes Geistwesen ist das Gesetz Gottes, spricht das Gesetz Gottes, bewegt sich im Gesetz Gottes und hat im Gesetz Gottes sein Dasein. Das vom Widersacher umgekehrte Prinzip ist das Kausalgesetz. In diesem spricht jeder sich selbst – sein niederes Selbst; er empfindet sich selbst, denkt sich selbst, riecht sich selbst, schmeckt sich selbst, und zwar all das, was er in das Computersystem der Gestirne eingegeben hat. Das ist dann das Personengesetz, das im Kausalcomputer verankert ist und jeden, der in diesem umgepolten Prinzip lebt, steuert.

Wir sehen also: Die Finsternis hat das hohe Prinzip umgedreht und es auf die Welt der Menschlichkeit heruntertransformiert. So, wie im Himmel, im Höchsten, jedes Wesen das wahre Selbst, das ewige Gesetz, ist, das ewige Gesetz spricht, weil es als Wesen selbst im Strom des Seins lebt – so vollzieht es sich auch im Niedersten, nur umgepolt: Jede Person spricht sich selbst, denkt sich selbst, hört sich selbst – bis die Seele wieder als Tropfen, als das wahre Selbst, in den Ozean Gott, das Sein, eingetaucht ist.

Ein solcher Mensch spricht also nur sich selbst und sieht auch nur sich selbst und hört auch nur sich selbst – und kann auch deshalb seinen Nächsten weder schauen noch verstehen und hören, weil er nur sich selbst sieht und nur sich selbst spricht und nur sich selbst hört.

Solche Menschen haben kein Empfinden für ihre Nächsten. Was ihre Nächsten sprechen, das verstehen sie nicht, weil sie sich selbst nicht verstehen, da sie durch die Unordnung ihrer Empfindungen, Gedanken, Worte und Handlungen und durch ihre groben und gierenden Sinne nicht hindurchzublicken vermögen. Sie sind verwirrt, weil ihre Empfindungs- und Gedankenwelt wirr ist.

Gabriele:

Lieber Bruder, liebe Schwester, wir können uns in der Tiefe nicht verstehen, weil jeder sein Persönliches, sein Personengesetz geschaffen hat. Jeder denkt daher anders, spricht anders, fühlt und empfindet anders. Unser Personengesetz – wir können auch sagen, unser Individualgesetz – hat kaum einen Bezug zu dem Individualgesetz des anderen. Infolgedessen spricht jeder nur sich selbst, und beide sprechen aneinander vorbei.

Wir sagen oft: »Wir verstehen uns.« Haben wir uns wirklich verstanden – oder haben wir nur unsere Worte gehört? Oder glauben wir, unseren Nächsten verstanden zu haben, weil er uns sympathisch ist oder weil er uns zum Munde spricht, und sagen deshalb »Wir verstehen uns«. Das alles ist Persönlichkeitsdenken innerhalb des Individualgesetzes.

Alle reinen Wesen verstehen sich. Der geistige Leib ist die Substanz des ewigen Gesetzes, ist das göttliche Erbe jedes reinen Wesens.

Wir sind auf Erden, um wieder göttlich zu werden, um aus dieser Enge, dieser Begrenztheit unseres menschlichen Ichs, unseres Mein und Mir, herauszufinden, auf daß sich unser Bewußtsein erweitert, die Grenzen des menschlichen Ichs sprengt und in die göttliche Einheit und Freiheit eingeht, in unser geistiges Erbe.

Die geistig wache Seele hat viele Möglichkeiten, ihre menschliche Hülle dorthin zu führen, wo der Mensch einige Aspekte jenes Lebens wahrzunehmen vermag, wonach sich die wache Seele sehnt.

Das Wahre und das Alldurchdringende vollzieht sich einzig im Innersten deines Tempels, im Allerheiligsten – mit dem Allheiligen und durch den Allheiligen, Gott.

Einzig in dir schaust und erkennst du, wieviel der Gaben aus dem Schatz des Innersten du deinem Nächsten geben kannst – was er aufzunehmen vermag, um geistig zu wachsen und zu reifen. In dir also schaust und hörst du das Quantum, das du deinem Nächsten reichen darfst, was ihm dann auch zum Wohle gereicht.

Gabriele:

»Das Wahre und das Alldurchdringende vollzieht sich einzig im Innersten Deines Tempels, im Allerheiligsten – mit dem Allheiligen und durch den Allheiligen, Gott.« Was will uns das sagen?

Jeder von uns ist der Tempel des Heiligen Geistes. Durch Verwirklichung der Zehn Gebote und der Bergpredigt treten wir in das Allerheiligste ein, das in uns ist. Je öfter wir in das Allerheiligste eintreten, desto inniger ist die Kommunikation mit dem Geist Gottes in uns. Auf diese Weise befreien wir uns von unserem Personengesetz, von unserem individuellen Denken, das letztlich nur auf uns, auf unser niederes Ich, bezogen ist. Dann schöpfen wir mehr und mehr aus dem Brunnquell des Lebens, der unser geistiges Erbe ist.

Durch die Entfaltung unseres geistigen Erbes öffnen sich auch unsere geistigen Augen, die Seelenaugen, welche dann die Materie und auch die Worte unseres Nächsten durchdringen. Für den Menschen, dessen Seele sich im Licht Gottes bewegt, sind Worte Spiegel. Die ganze Materie ist nur Spiegelung, nicht Tatsache; sie ist nur die Folge unserer Taten, unserer Projektionen, unserer Vorstellungen.

Wer die Spiegel, die Projektionen, durchschaut, erfaßt seinen Nächsten im Inneren und weiß zugleich, was er ihm an Gaben der Liebe mitgeben kann. Der Weise, der aus der Quelle des Lebens schöpft, kennt das Quantum. Er weiß, wieviel er sagen darf; er weiß auch, was er sagen muß; denn er durchschaut die Dinge, die Gedanken, die Worte, alles, was existiert, und durchschaut den Menschen, denn alles ist nur Spiegelung.

Die Spiegel täuschen! Unsere irdischen Augen sehen nur die Spiegelung und täuschen unsere Sinne. Die Täuschung wertet und urteilt. Die Klarheit der Seele, die Augen des Seins schauen das Reale. Denn der Mensch, dessen Seele zum klaren Quell geworden ist, wertet und urteilt nicht; er hat Verständnis und Wohlwollen.

Wisse: Wenn du das Sein geworden bist, dann ist alles und sind alle in dir. In dir und durch dich schaust, hörst, riechst, schmeckst und tastest du, denn alles, was das Äußere in sich birgt, das ist das Leben in dir.

Deshalb wohne in dir; dann schaust du in allem auch dich, das Selbst, weil du das Selbst, das Sein, bist und alles wiederum das Selbst, das Sein, ist. Dann schaust du den Teil deines wahren Selbst im Mineral, in der Pflanzenwelt, in der Tierwelt und in den Gestirnen und nimmst alles Reine in dir, dem Reinen, wahr, als Licht, als Kraft, als einen Teil von dir. Was du im Äußeren schaust, das hat im Inneren, wie auch du, Licht und Kraft in sich, ist also als Essenz in dir und somit ein Teil von dir.

Gabriele:

»Wenn du das Sein geworden bist, dann ist alles und sind alle in dir.« Dies bedeutet für uns, daß unsere Seele wieder den hohen Grad an Adel und Feinheit erlangt hat. Das Edle, Feine ist das Reine. Das Edle und Feine ist das Schöne. Der Adel der Seele durchschaut alles, weil die Seele wieder in Kommunikation mit Gott steht.

Wir sind also alle auf dem Weg, wieder zu dem zu werden, was wir in Wahrheit sind. Keiner von uns kommt umhin, wieder so zu werden, wie Gott uns schaut.

Ist dies erreicht, dann sind wir das Sein, und das Sein ist die Einheit. Dann sind uns die Gestirne nicht mehr fern, weil Gott uns nahe ist. Dann ist uns die Substanz der Naturreiche, das Leben, nicht mehr fern, weil Gott uns nahe ist. Dann sind wir bewußte Erben der Unendlichkeit und bewußte Ebenbilder unseres Vaters. Gott ist die Quelle, und wir sind der Quell, aus dem wir schöpfen und geben.

Wer in diesem edlen, feinen und reinen Bewußtsein lebt, der wird keine äußere Lebensform mutwillig zerstören, weil er dann diesen Lebensteil in sich selbst stört und somit zum Gestörten wird, der alles zerstört, von dem er glaubt, daß es ihm nicht diene. Durch diese Veräußerlichung entstanden Krieg, Mord und Entzweiung.

Erkenne, das besagt: Das, was du mutwillig tötest, Menschen, Tiere und Pflanzen, das verschattest du in dir; du störst dein eigenes Leben und bleibst der Gestörte, der Ichmensch, der zerstörend auf seine Umwelt einwirkt.

Gabriele:

Blicken wir in unsere Welt: Es sind gar viele, die gar vieles stört. Das heißt: W i r sind gestört durch unsere Eingaben in das Kausalcomputersystem, weil wir nicht mehr das Sein sind, sondern das Mein und Mir.

Unser Gestörtsein zerstört auch, weil wir zur Substanz in allen Formen keine Kommunikation mehr haben, weil wir nur an uns selbst denken, immer nur: »Ich, ich, ich – ich bin mir selbst der Nächste.« Darin liegt die Störung; dadurch zerstören wir auch unsere Welt und wirken so auch auf unseren Erdplaneten, auf die Mutter Erde, ein.

Du schaust das Sein in allem einzig in dir. Deshalb brauchst du nicht den Umblick – du hast die Umsicht in dir selbst.

Gabriele:

Umblick und Umsicht heißt auch Weitsicht und Einblick in die Dinge.

Was im Himmel ist, das ist auch auf der Erde – nur abgewandt von Gott. Das Gesetz, Gott, ist selbstlose, unpersönliche Liebe; es schenkt und schenkt sich und gibt jedem gleich.

Das Gesetz von Saat und Ernte entstand durch die Eigenliebe, durch die personenbezogene Liebe. Sie besagt: Der eine ist mir näher als der andere. Wer mir näher ist, bekommt mehr – der andere bekommt weniger. Das ist die personenbezogene Liebe, die Eigenliebe, die eigensüchtige Liebe.

Was im Himmel ist, das ist in abgewandelter Form auf der Erde. Deshalb sind die Erde, das materielle Universum und die Reinigungsebenen nur die Spiegel des ewigen Seins. Das Gesetz von Saat und Ernte ist als Spiegelbild zu betrachten.

Der Himmel ist das Sein, das Reine, das alldurchstrahlende Gesetz, Gott. Das

Gesetz von Saat und Ernte ist des Menschen »Sein«, das aus dem Mein und Mir besteht, das aus dem niederen Ich hervorging und hervorgeht.

Das Reine ist das Sein, das Selbst, das Ich Bin, das unpersönliche Leben, das Gesetz, Gott. Die reinen Wesen sind das Reine, das Selbst, das Sein, das Unpersönliche, das Ich Bin, das Gesetz Gott. Ihr Empfinden, ihr Wort und ihre Handlung ist das Gesetz, Gott, das Selbst, das Sein, das Unpersönliche, das Reine. Sie, das Gesetz – denn ihr Ätherleib ist Gesetz –, empfinden und sprechen sich selbst, das Reine, das Sein, das Selbst, das Unpersönliche, das Gesetz, Gott.

Das Gesetz von Saat und Ernte kann global das Gesetz der Belastungen genannt werden. Es besteht aus den vielen Komponenten menschlichen Ichs, die zum

Ichheitsgesetz der einzelnen Menschen wurden. Das Ichheitsgesetz jedes einzelnen besteht aus seinen gegensätzlichen Empfindungen, Gedanken, Worten und Handlungen. Das Ichheitsgesetz kann auch das Personengesetz genannt werden, weil es sich auf die Person bezieht, die ihr Ich aussendet und das gleiche Sendepotential wieder empfängt.

Wer sein Personengesetz geschaffen hat, der lebt darin und ruft es über seine Seele dort ab, wo es gespeichert ist, in den Gestirnen. Dein Nächster kann sich dein Ichheitsgesetz nicht aneignen, außer er schafft Gleiches oder Ähnliches durch gleiche oder ähnliche negative Empfindungen, Gedanken, Worte und Handlungen.

Erläuterungen:

Was im Himmel ist, das ist auch auf der Erde – nur abgewandt von Gott. Das Gesetz, Gott, ist selbstlose, unpersönliche Liebe; es schenkt und schenkt sich und gibt jedem gleich.

Hierzu sprach unsere Schwester Gabriele
in der Inneren Geist=Christus-Kirche,
der weltweiten
Prophetischen Volks-Lehrkirche:

Liebe Schwester, lieber Bruder, wir lernen mehr und mehr, die selbstlose, unpersönliche Liebe zu verstehen und zu erfassen.

Das Unpersönliche ist das Allgesetz, ist die Quelle und die Kraft, ist der Strom – wir nennen ihn auch den Ozean, in dem alle Wesen ihr Dasein haben, aus dem alle Wesen schöpfen und von dem alle Wesen leben; es ist der Ozean der unpersönlichen Liebe.

Die reinen Wesen brauchen nicht persönlich zu sein – sie haben alles; denn alle leben in ein und demselben Strom. Es ist für sie natürlich und selbstverständlich, unpersönlich zu sein; denn sie wollen nichts – sie besitzen alles, weil sie Erben allen Seins sind. Die lichtarme Seele will, weil sie nicht mehr ihr Erbe lebt; und deshalb will der Mensch alles für sich, weil sein menschliches Ich nicht mehr das göttliche Ich Bin ist.

Das Gesetz von Saat und Ernte entstand durch die Eigenliebe, durch die personenbezogene Liebe. Sie besagt: Der eine ist mir näher als der andere. Wer mir näher ist, bekommt mehr – der andere bekommt weniger. Das ist die personenbezogene Liebe, die Eigenliebe, die eigensüchtige Liebe.

Was im Himmel ist, das ist in abgewandelter Form auf der Erde. Deshalb sind die Erde, das materielle Universum und die Reinigungsebenen nur die Spiegel des ewigen Seins. Das Gesetz von Saat und Ernte ist als Spiegelbild zu betrachten.

Der Himmel ist das Sein, das Reine, das alldurchstrahlende Gesetz, Gott. Das Gesetz von Saat und Ernte ist des Menschen »Sein«, das aus dem Mein und Mir besteht, das aus dem niederen Ich hervorging und hervorgeht.

Das Reine ist das Sein, das Selbst, das Ich Bin, das unpersönliche Leben, das Gesetz, Gott. Die reinen Wesen sind das Reine, das Selbst, das Sein, das Unpersönliche, das Ich Bin, das Gesetz Gott. Ihr Empfinden, ihr Wort und ihre Handlung ist das Gesetz, Gott, das Selbst, das Sein, das Unpersönliche, das Reine. Sie, das Gesetz – denn ihr Ätherleib ist Gesetz –, empfinden und sprechen sich selbst, das Reine, das Sein, das Selbst, das Unpersönliche, das Gesetz, Gott.

Das Gesetz von Saat und Ernte kann global das Gesetz der Belastungen genannt werden. Es besteht aus den vielen Komponenten menschlichen Ichs, die zum Ichheitsgesetz der einzelnen Menschen wurden. Das Ichheitsgesetz jedes einzelnen besteht aus seinen gegensätzlichen Empfindungen, Gedanken, Worten und Handlungen. Das Ichheitsgesetz kann auch das Personengesetz genannt werden, weil es sich auf die Person bezieht, die ihr Ich aussendet und das gleiche Sendepotential wieder empfängt.

Wer sein Personengesetz geschaffen hat, der lebt darin und ruft es über seine Seele dort ab, wo es gespeichert ist, in den Gestirnen. Dein Nächster kann sich dein Ichheitsgesetz nicht aneignen, außer er schafft Gleiches oder Ähnliches durch gleiche oder ähnliche negative Empfindungen, Gedanken, Worte und Handlungen.

Gabriele:

Bewegen wir uns noch im Ichheitsgesetz, im Personengesetz, so ist das nicht wert, Leben genannt zu werden. In der Erkenntnis unserer Menschlichkeiten liegt jedoch die Chance, diese zu überwinden und abzulegen, um Schritt für Schritt das unpersönliche Leben wieder freizulegen.

Jeder einzelne von uns ist auf Erden, um wieder göttlich zu werden. Die Göttlichkeit unseres Wesens ist das Absolute Gesetz, ist das Leben im ewigen Sein. Dieses Leben sollen wir anstreben. Durch die Lehren des Absoluten Gesetzes dürfen wir das Ziel erfahren, das Ziel unserer Wanderung: unser Leben, unser ewiges Sein, unser hohes Bewußtsein – das All-Sein in Gott, dem Unpersönlichen.

Die reinen Wesen bewegen sich im ewigen Gesetz; sie sprechen das Gesetz und sind selbst das ewige Gesetz.

Jeder belastete Mensch bewegt sich in seinem Ichheitsgesetz, in seiner kleinen Welt, die er mit seinem Ich, dem Mein und Mir, geschaffen hat. Er spricht seine kleine Welt, das, womit er sein Ichheitsgesetz aufgebaut hat; diesem entsprechend empfindet er sich selbst, denkt er sich selbst, spricht er sich selbst und handelt so, wie er empfindet, denkt und spricht. Er empfindet, denkt, spricht und handelt also entsprechend seinem niederen Selbst, seinem niederen Sein.

Das menschliche Selbst, das niedere Ich also, hat kein Auge, kein Ohr und keine Sinne für den Nächsten, nur für sich selbst.

Das menschliche Selbst findet keinen Einlaß in das göttliche Selbst, in das Allerheiligste, und kann daher auch nicht seinen Nächsten erspüren, erkennen, durchschauen und erfahren, weil im veräußerlichten Menschen die Selbstlosigkeit noch nicht entfaltet ist.

Das menschliche Selbst, das niedere Ich, hat mit dem göttlichen Selbst, mit dem alldurchstrahlenden Ich Bin, nichts gemeinsam.

Der Reine spricht das Reine, das ewige Gesetz, Gott. Der Unreine spricht sein Unreines, sein Ichheitsgesetz, das niedere Selbst.

Jeder spricht sich also selbst: der Reine das absolute Selbst, das Ich Bin – der Unreine sein niederes Selbst, sein niederes Ich, das nur auf die Person bezogen ist.

Hierzu sprach unsere Schwester Gabriele
in der Inneren Geist=Christus-Kirche,
der weltweiten
Prophetischen Volks-Lehrkirche:

Welch eine arme Welt, die den armen – gleich lichtarmen – Seelen, den lichtarmen Menschen gleicht!

Würde die Menschheit die Gesetze Gottes erfüllen, dann wäre der Himmel Gottes auf Erden!

Gott sprach: »Ich mache einen neuen Himmel und eine neue Erde.« Zum neuen Himmel und zur neuen Erde gehören die neuen Menschen, Menschen in Gott. Der Innere Weg heißt, die Kleider des alten Adam abzulegen und sich in das Gewand des ewigen Gesetzes zu hüllen.

Wer die Lehren des Absoluten Gesetzes bei sich anwendet, der ist mit dabei, den Himmel auf die Erde zu holen.

Sei still.

In der inneren Stille wird dir bewußt, daß du ein Wesen aus Gott bist, das in Gott ist, denn der allewige Vater und du, Sein Kind, sind eins. Du, das reine Wesen, lebst im Allerheiligsten, in dir, im Selbst, denn du bist der Tempel Gottes, und der Allheilige wohnt in dir.

Sei still.

In dir ist die Stille, und du bist in der Stille.

Bist du still geworden, dann hast du keine menschlichen Empfindungen, Gedanken, Worte, Regungen und Neigungen mehr; du bist durchdrungen von der Allstille, Gott.

In dir entfalten sich geheiligte Empfindungen und Gedanken; du sprichst beseelende Worte und handelst unpersönlich für das große Ganze.

Das wahre Selbst, das allumfassende, mächtige Ich Bin, teilt sich dir mit, und du bist der Glanz der Schönheit, du bist das Reine, das Edle und Feine, das Erhabene – weil du in dir, im ewigen Selbst, im Sein, wohnst und weil du bist, was der Himmel ist: Schönheit, Reinheit, der Adel, das Feine, das Erhabene, die Güte, die selbstlose Liebe.

Die Sonne der Liebe hat die Sprache des Lichtes. Die Sonne der Liebe leuchtet in dir und durch dich.

Dein Wesen ist der Glanz der Sonne, der selbstlosen Liebe.

Sei still, ganz still. Nichts und niemand regt sich in dir.

Die heilige Tempelordnung, die du bist, ist die strahlende, selbstlose Liebe, die Sonne der Gerechtigkeit, die Wonne deines Lebens, das Ich Bin.

Erläuterungen:

Sei still.

In der inneren Stille wird dir bewußt, daß du ein Wesen aus Gott bist, das in Gott ist, denn der allewige Vater und du, Sein Kind, sind eins. Du, das reine Wesen, lebst im Allerheiligsten, in dir, im Selbst, denn du bist der Tempel Gottes, und der Allheilige wohnt in dir.

Hierzu sprach unsere Schwester Gabriele
in der Inneren Geist=Christus-Kirche,
der weltweiten
Prophetischen Volks-Lehrkirche:

Die innere Stille ist das ewige Gesetz, das sich in vollkommener Harmonie und Symphonie allen Lebensformen, allen Wesen, mitteilt und allen Menschen, die eintauchen in diese Stille, in das Absolute Gesetz.

Der Mensch, der nichts anderes möchte, als Gott zu gefallen, beginnt, ganz allmählich ruhig zu werden. Das Drängen des menschlichen Ichs hört dann auf; denn wer sich nach

Gott sehnt, wer einzig Gott gefallen möchte, wird Tag für Tag das Unlautere, das Menschliche, bereinigen und so ruhig werden. Erlangt der Mensch die innere Ruhe, so taucht er ganz allmählich in die innere Stille ein, in das ewige Gesetz, das sich unermüdlich dem mitteilt, der still geworden ist.

In unserem Inneren ist das Heiligtum Gottes. Gott wohnt in Seinem Heiligtum – also in uns. Das Innerste, das Heiligtum, wird von unserer Seele und unserem Menschen umschlossen. Infolgedessen sind wir der Tempel Gottes. In jedem von uns ist das Heiligtum, in welchem Gott wohnt.

Wenn uns dies bewußt wird, ja, wenn wir uns dies jeden Tag vergegenwärtigen und somit vorgeben, dann erwacht ganz allmählich die Sehnsucht, einzig Gott zu gefallen. Dann werden wir auch allmählich unseren Tempel reinigen und heiligen, indem wir nichts Negatives mehr zulassen. So noch Negatives, also Sündhaftes, in uns liegt, dann werden wir es rasch bereinigen, um einzig Gott, unserem Vater, zu gefallen, um wieder Sein Ebenbild zu werden.

Sei still.

In dir ist die Stille, und du bist in der Stille.

Bist du still geworden, dann hast du keine menschlichen Empfindungen, Gedanken, Worte, Regungen und Neigungen mehr; du bist durchdrungen von der Allstille, Gott.

Gabriele:

»Sei still. In dir ist die Stille, und du bist in der Stille.« Das ist Bewußtwerdung. Wer sich dessen bewußt wird, daß in jedem die Stille wohnt und daß der stille, lautere Mensch in der Stille, Gott, lebt, der wird neu geboren sein. Er wird im Geiste geboren sein und mehr und mehr die Gesetze des Lebens, die Gesetze des Geistes, anwenden.

Ohne Bewußtwerdung kein Weg hin zur Stille. Deshalb heißt es für uns: Werde dir tagtäglich, stündlich und minütlich bewußt, daß du Substanz und Kraft bist, ein Wesen aus

Gott. Sei still, und vertraue dich in jedem Augenblick Gott an. Dann wächst du auch hinein in das Innere Leben, weil dir bewußt wird, wo deine Fehler sind, was deine Fehler sind und wie du deine Fehler, also dein Sündhaftes, bereinigen kannst.

Gott ist die Allstille – die Allstrahlung. Gott ist gleichsam der Kristall der Unendlichkeit; denn die reinen Himmel sind der Kristall, und die, die sich in das Reine, Ewige begeben, sind wiederum der Kristall im Strom des Lebens.

Gott, unser Vater, ist komprimiertes Leben, ist komprimiertes Sein, der Kristall der Unendlichkeit. Da Er uns alles als Substanz gegeben hat, Kraft und Leben, sind wir wiederum Kristalle der Unendlichkeit, deren Facetten das ewige Leben ausstrahlen und in alle Reiche hineinstrahlen, weil der Kristall alle Schöpfungskräfte und alle Formen des Seins als Substanz birgt.

Dem Kristall ist nichts verschlossen. Er bewegt sich im Rhythmus des Alls; dementsprechend strahlt er die Facetten des ewigen Gesetzes aus. Jeder von uns ist in der Tiefe der Seele ein Kristall im ewigen Sein.

In dir entfalten sich geheiligte Empfindungen und Gedanken; du sprichst beseelende Worte und handelst unpersönlich für das große Ganze.

Gabriele:

Der Mensch, der das Ziel des Weges der Läuterung weitgehend erreicht hat, spricht, was der Kristall ihm zustrahlt. Er empfindet so, wie der Kristall empfindet. Er denkt so, wie es ihm der Kristall übermittelt.

Menschen, die sich täglich bemühen, diese geheiligten Empfindungen und Gedanken zu pflegen, tragen Verantwortungsbewußtsein und haben Sinnesbewußtsein. Dieses Verantwortungsbewußtsein wirkt sich nicht nur im einzelnen selbst aus, sondern das Verantwortungsbewußtsein gereifter Menschen ist übergreifend; es überträgt sich auf die ganze Unendlichkeit.

Das Sinnesbewußtsein ist die Klarheit. Wohin der Gereifte blickt, schaut er das Licht; er schaut auch die Schatten und weiß, wie er zu helfen und zu geben vermag. Was er hört, hört er im Innersten; er hört die Stimme des Alls und vernimmt auch das Rauschen des menschlichen Ichs. Die Sinne, die gereinigt sind, sind in Gott und sind feinsten Antennen gleich, die in alles hineinzufühlen vermögen – sowohl in das reine Sein als auch in das menschliche Ich. Aus dem Sinnesbewußtsein und dem Verantwortungsbewußtsein heraus kann der Gereifte sich seinem Nächsten gesetzmäßig mitteilen. Er schaut die Tiefen im Nächsten, lotet sie aus und schaut auch auf und in die Schatten. Er ist der geistige Forscher, der alles erkennt.

Das wahre Selbst, das allumfassende, mächtige Ich Bin, teilt sich dir mit, und du bist der Glanz der Schönheit, du bist das Reine, das Edle und Feine, das Erhabene – weil du in dir, im ewigen Selbst, im Sein, wohnst und weil du bist, was der Himmel ist: Schönheit, Reinheit, der Adel, das Feine, das Erhabene, die Güte, die selbstlose Liebe.

Gabriele:

Aus all dem, was uns durch die Lehren des Herrn übermittelt wurde, in denen das ganze Sein schwingt, besteht unser reiner geistiger Leib. Jeder von uns wird wieder zu der inneren Schönheit, der inneren Reinheit, dem inneren Adel, dem Feinen und Erhabenen, der Güte und der selbstlosen Liebe finden.

Oft fällt es uns schwer, diesen hohen, absoluten Maßstab an uns anzulegen. Ein Bild könnte uns helfen, daß diese Aspekte ewigen Inneren Lebens für uns mehr greifbare Realität werden. Im Bild können wir uns das höchste Ideal vorgeben – und es zugleich in uns schaffen.

Das höchste Ideal ist das, was wir im ewigen Sein sind: Schönheit, Reinheit, Adel, Feinheit, Erhabenheit, Güte und selbstlose Liebe. Wir geben uns dies vor, sind es jedoch noch nicht. Wir werden es in uns schaffen, indem wir es uns immer wieder vornehmen.

Dieses höchste Bildnis ist unser wahres Sein. Wollen wir das, was es beinhaltet, erreichen, dann wird uns der Innere Helfer und Ratgeber, Christus, beistehen. Er zeigt uns jeden Tag unsere Schwächen, unsere Mängel, unser Sündhaftes, auf.

Um die Sehnsucht nach dieser Erhabenheit unseres wahren Wesens zu entfalten, sollten wir uns das vergegenwärtigen, dem wir zustreben. Wir richten uns bewußt auf das höchste Ideal, das Sein, aus, indem wir es uns vorgeben. Dabei sollten wir keinem negativen Gedanken Raum geben.

Denken wir negativ, dann sollten wir uns selbst sofort das Achtungszeichen setzen: »Halt! Ich möchte diesen negativen Gedanken nicht weiter bewegen.« Bitten wir Christus um Beistand, dann werden wir erkennen, was uns die negativen Gedanken – unser Sündhaftes also – mitteilen möchten. Sie wollen uns vielleicht sagen, daß wir einiges bereinigen sollen, daß wir unseren Nächsten um Vergebung bitten sollen. Tun wir dies so rasch wie möglich und geben wir uns sodann wieder unser Idealbild vor, dann haben wir diesen menschlichen Gedanken keinen weiteren Raum gewährt; dadurch konnten sich keine weiteren negativen Gedanken in unserem Oberwußtsein festsetzen.

Je öfter wir negative Gedanken bewegen, um so mehr greifen sie in unser Leben ein und werden zu unserem Leben. Das bedeutet: Sie werden zu Programmen in unseren Gehirnzellen, die uns dann immer wieder belasten, die sich immer wieder regen, die uns auch immer wieder anregen, Gleiches und Ähnliches zu denken. Je öfter wir Gleiches und Ähnliches denken, desto mehr entfernen wir uns von unserem Idealbild, von unserem wahren Sein.

Geben wir dem Negativen Raum, so füllen wir uns mit Gegensätzlichem und erfassen nicht mehr, wer wir tief in unserer Seele sind: die Schönheit, das Unvergängliche, die ewige Jugend, der Himmel, die Reinheit, das ewige Gesetz, das alle Wesen in Gott eint, der innere Adel, das Feine, das Erhabene, die Güte und die selbstlose Liebe. Dann fühlen wir uns von den Worten »unser wahres Sein« weit entfernt, weil wir dem Negativen mehr und mehr Raum in unserem Leben gegeben haben. Wir haben uns mit Negativem gefüllt – nun füllt es uns aus. Wo wir hinsehen, wo wir hinhören, rufen wir dann nur noch unsere Gegensätzlichkeiten ab. Das hat zur Folge, daß unser Leben immer schwerer und immer dunkler wird.

Damit solches nicht geschehen kann, sollten wir bewußt dem Positiven, Göttlichen in unserem Denken und Leben Raum geben. Dazu kann es uns eine Hilfe sein, uns dieses höchste Idealbild, unser wahres Sein, bewußt zu machen.

Die Sonne der Liebe hat die Sprache des Lichtes. Die Sonne der Liebe leuchtet in dir und durch dich.

Dein Wesen ist der Glanz der Sonne, der selbstlosen Liebe.

Sei still, ganz still. Nichts und niemand regt sich in dir.

Die heilige Tempelordnung, die du bist, ist die strahlende, selbstlose Liebe, die Sonne der Gerechtigkeit, die Wonne deines Lebens, das Ich Bin.

Gabriele:

»Die Sonne der Liebe hat die Sprache des Lichtes.« Wir hörten von dem Kristall, der in allen Facetten das Gesetz, das Sein, ausstrahlt. Der Kristall mit seinen Facetten ist die Sonne der Liebe; denn das Gesetz Gottes ist Liebe. Wer zum Kristall in Gott geworden ist, ist schattenlos, denn die Unendlichkeit, das wahre Sein, kennt keine Schatten. Wer das Gesetz,

das schattenlose, ewig strömende, strahlende Gesetz erfüllt, ist durchstrahlt und durchglüht von dem, was Gott ist: Liebe.

»Dein Wesen ist der Glanz der Sonne, der selbstlosen Liebe.« Diese Worte sagen uns: Wir sind formgewordenes All. Alle Gestirne sind als Essenz in uns und bilden unser wahres Sein.

»Sei still, ganz still. Nichts und niemand regt sich in dir.« Lassen wir diese Worte in unser Inneres schwingen. »Sei still, ganz still. Nichts und niemand regt sich in dir.«

Nichts und niemand kann dem Innersten etwas anhaben. Dort, in der Stille in uns, im Allerheiligsten, bei Gott, ist Geborgenheit, ist Sicherheit, ist Heimat.

Wir Menschen sehnen uns nach Geborgenheit; doch in dieser Welt werden wir sie niemals finden. Glauben wir, jetzt hätten wir Geborgenheit gefunden, so können wir sicher sein, daß sie in Kürze wieder schwindet. Wo gibt es Sicherheit? Wer kann uns Sicherheit bieten? Menschen? Güter? Geld, Macht und

Ansehen? Wie schnell schwindet all dies dahin; dann ist auch unsere Sicherheit entschwunden. Dann stehen wir gleichsam als Bettler auf der Straße und fragen: »Wo ist die Sicherheit? Wo ist die Geborgenheit? Ich bin heimatlos.«

Geborgenheit, Sicherheit, Heimat kann nur bei Gott sein – nirgendwo sonst. Wir sind Wanderer hin zur inneren Sicherheit, zur inneren Geborgenheit, zu unserer wahren Heimat. Einerlei, was wir auf der Erde tun, wo immer wir auch den Halt im Menschlichen suchen – mit der Zeit erkennen wir: Nirgendwo gibt es einen Halt – nur in Gott. Wird uns dies bewußt, dann werden wir auch öfter unser Innerstes, das Heiligtum in uns, aufsuchen, in welchem Gott wohnt.

Was du auch zu tun und zu erfüllen gedenkst – das wahre Selbst in dir, das Sein, empfindet, denkt, spricht und handelt durch dich.

Dein erhabenes, selbstloses Empfinden und Denken ist das Sein, das Göttliche, das du bist.

Das wahre Sein ist einzig auf die Sache und die Angelegenheit bezogen und tritt mit dem Reinen in der Sache und in der Angelegenheit in Kommunikation. Das Reine in der Sache und in der Angelegenheit sagt dir in deinem Inneren, wie du die Sache und Angelegenheit in die Wege leiten sollst, wie du planen sollst, wie du jede Situation klären kannst, wie du Unordnung in Ordnung verwandeln kannst und wie du Unbereinigtes bereinigen kannst.

In jeder Frage ist das Sein, die Antwort für dich.

In jeder Antwort ist das Sein – und eventuell wieder die Frage für dich.

In jedem Gespräch wirkt das Sein – du erfährst es in dir.

In jedem Wort ist das Sein – es spricht zu dir.

In allem, was du siehst und was dir begegnet, ist das Sein – es zeigt sich dir und spricht zu dir.

Bist du in deinem Innersten, dann ist dein Tempel rein, und du stehst mit dem Reinen in Kommunikation.

Du hörst, was andere nicht hören;
du schaust, was andere nicht sehen;
du weißt, was andere nicht wissen;
du erkennst, was andere nicht erkennen;
du spürst, was andere nicht erspüren;
du riechst und schmeckst, was andere nicht riechen und schmecken;
du nimmst wahr, was andere nicht wahrnehmen –

weil du die Wahrheit bist, die Stille des Tempels, die selbstlose Liebe, das Gesetz, Gott.

Erkenne:

Jede Sache, jede Angelegenheit, jede Schwierigkeit, jedes Problem, jede Situation, jedes Gespräch, ja, jedes Wort spricht sich selbst.

Das Sein in der Sache, in der Angelegenheit, im Problem, in der Schwierigkeit, in jeder Situation, in jeder Handlung und in jedem Gedanken spricht wiederum das mächtige Selbst, das Sein.

Die Hülle, das Menschliche, spricht sich selbst. Die Kraft in der Hülle, das Sein, spricht ebenfalls sich selbst; es ist das Ich Bin.

Wer zum Sein, zum selbstlosen Selbst, geworden ist, der steht mit dem Reinen in Kommunikation. Er schaut mit den Augen der Wahrheit; er klärt, ordnet, bereinigt, plant und spricht aus dem ewigen Sein, dem selbstlosen Selbst.

Das niedere Ich kennt das Ich Bin nicht; doch das Ich Bin kennt das niedere Ich, weil das Ich Bin, das Sein, alles durchdringt.

Der Reine, der die Tempelordnung hält, wird sich bemühen, jede Situation aus dem Gesetz zu klären, jedes Gespräch gesetzmäßig zu führen, jede Sache, jede Angelegenheit, jedes Problem und jede Schwierigkeit aus dem Gesetz, Gott, zu lösen.

Will das menschliche Ich die Sache, die Angelegenheit, die Schwierigkeit, das Problem, die Situation oder das Gespräch mit seinem niederen Ich lösen, dann bleibt es entweder ungelöst, oder es führt zum Chaos.

Wisse:

Das Sein in allem ist der redende Gott; Er spricht zu dir aus der Sache, aus der Angelegenheit, aus der Schwierigkeit, aus dem Problem, aus der Situation, aus der Handlung, aus jedem Gespräch.

Alles ist Bewußtsein. Das Reine ist Bewußtsein, und das Unreine ist Bewußtsein. Das Reine spricht im Allerheiligsten – in dir, zu dir und gleichzeitig aus dir.

Das Unreine spricht das Unreine; es spricht die Belastung, es spricht aus der Unordnung heraus. Es spricht die Unordnung, und so kann es in der Welt nur wieder Unordnung geben.

Erläuterungen:

Was du auch zu tun und zu erfüllen gedenkst – das wahre Selbst in dir, das Sein, empfindet, denkt, spricht und handelt durch dich.

Hierzu sprach unsere Schwester Gabriele
in der Inneren Geist=Christus-Kirche,
der weltweiten
Prophetischen Volks-Lehrkirche:

»Das wahre Selbst, das Sein, empfindet, denkt, spricht, handelt durch dich« – es ist wieder der Kristall in uns. Es ist die Intelligenz, Gott, die um alle Dinge weiß, die alles ist.

Die Intelligenz, Gott, wohnt in uns; wir sind Erben dieser Intelligenz. Als reine Wesen sind wir selbst göttliche Intelligenz; daher ist diese allumfassende und alles durchdringende Intelligenz auch in dieser Daseinsform Mensch in uns. Weil wir jedoch dieses hohe Bewußtsein in uns abgedeckt, mit unserem Sündhaften überlagert, durch unsere Ichbezogenheit eingeengt haben, haben wir den Intellekt entwickelt, das kümmerliche Menschliche – statt des Göttlichen, das nicht mehr hinreichend wirksam werden kann. Der Intellekt ist die Verpolung der göttlichen Intelligenz, ein Ersatz.

Was der Intellekt schon alles angerichtet hat, sehen wir in dieser Welt. Sicher brauchen wir unsere Lebensprogramme – z.B. das Programm unseres Berufes, unserer Sprache. Wir bedürfen dieser Programme, um zu leben – jedoch sind sie allein nicht dazu geeignet, die Welt zu verändern oder gar zu verbessern.

Der Intellekt greift immer mehr in das Schöpfungsgeschehen, in die Intelligenz Gottes ein. Was dabei herauskommt, erfahren wir: Zerstörung und Niedergang. Der Intellekt ist begrenzt, ist nur auf das Äußere, auf die Schale, bezogen; er kennt den Kern nicht. Er verändert immer nur die Schale, und jede dieser Veränderungen bringt weitere Veränderungen. Dadurch muß der Mensch leiden. Was hat er vom sogenannten Wohlstand? Dieser lebt kurz auf – dann geht es wieder bergab, weil der Intellekt nur an der Schale, an der

Oberfläche, kratzt und die Intelligenz nicht zuläßt.

Die Intelligenz Gottes hält es anders als der Intellekt. Das Ich des Menschen hat das Wollen; es will selbst schaffen; es will regieren – es will Gott sein. So hat das menschliche Ich einen Teil des göttlichen Ich Bin heruntertransformiert und diese Substanz verdichtet, verhärtet. Es ist unser menschliches Ich-Gesetz, die Schale, die wir allmählich aufweichen müssen, um wieder zum Inneren, dem Göttlichen, zu finden.

Dein erhabenes, selbstloses Empfinden und Denken ist das Sein, das Göttliche, das du bist.

Das wahre Sein ist einzig auf die Sache und die Angelegenheit bezogen und tritt mit dem Reinen in der Sache und in der Angelegenheit in Kommunikation. Das Reine in der Sache und in der Angelegenheit sagt dir in deinem Inneren, wie du die Sache und Angelegenheit in die Wege leiten sollst, wie du planen sollst, wie du jede Situation klären kannst, wie du Unordnung in Ordnung verwandeln kannst und wie du Unbereinigtes bereinigen kannst.

Gabriele:

Gott ist allgegenwärtig. In allem Negativen ist Gott. In jeder Angelegenheit, die auf uns zukommt, ist Gott die helfende Kraft. In unserer Planung ist Gott. In unserer Unordnung ist

Gott die Ordnung. In unserem Unbereinigten ist Gott die bereinigende Kraft. Das heißt für uns: Wir dürfen uns in allem, was auf uns zukommt, Gott zuwenden. Wenden wir uns Ihm ehrlichen Herzens zu, dann wird Er uns helfen; denn Christus in uns ist der Innere Helfer und Ratgeber. Er ist unser Erlöser und Befreier.

In jeder Schwierigkeit ist die Lösung; in jedem Problem ist das Göttliche, ist die Hilfe, ist die Befreiung – doch wir müssen es lösen, mit der Hilfe des Geistes in uns. Mit jeder Schwierigkeit, mit jedem Problem können wir in unser Inneres zu Christus in uns gehen und Ihn um Hilfe bitten – Er wird uns helfen. Doch wir dürfen niemals sagen: »Herr, löse es so, wie ich es will« – sondern immer: »Dein Wille geschehe!« Er kennt die Wege. Er hilft uns so, wie es für uns gut ist.

Unser Ich drängt; es will die rasche Lösung. Wir könnten uns vornehmen, uns in Geduld zu üben, unser Menschliches zurücknehmen, um in Schwierigkeiten, Problemen und auch in unserer Planung Gott, Christus in uns, um Hilfe zu bitten. Wir sollten uns dann nicht mit dem Gedanken beschäftigen, ob es wohl eine

Lösung gibt oder nicht. Denn diese Gedanken blockieren die innere Hilfe. Wir sollen bewußt leben, das heißt, wir sollen uns in jeder Situation Gottes Hilfe vergegenwärtigen und konzentriert unsere Arbeit verrichten.

Die Wachheit unseres Daseins bewirkt, daß wir die Lösung aus unserem Inneren empfangen. Plötzlich steigen Empfindungen, Gedanken empor, die uns die Lösung unseres Problems oder unserer Schwierigkeiten zeigen. Mitunter sind es nur feine Impulse. Oftmals ist es nicht gleich die Lösung selbst, sondern nur der Weg zur Lösung oder der erste Schritt dorthin. Vertrauen wir uns Christus an, dann wird Er uns auch weiterführen. Die Ansätze sagen uns: »Hab Vertrauen. Ich führe dich weiter, so daß du alles zu lösen vermagst.«

Wir sollten dann das Negative, das wir bei uns erkannt haben, nicht mehr vollziehen. Darin liegt das Bild, was wir statt dessen in Zukunft tun werden. Dieses in die Tat umzusetzen, ist dann der nächste Schritt zum gesetzmäßigen Leben.

In jeder Frage ist das Sein, die Antwort für dich.

In jeder Antwort ist das Sein – und eventuell wieder die Frage für dich.

In jedem Gespräch wirkt das Sein – du erfährst es in dir.

In jedem Wort ist das Sein – es spricht zu dir.

In allem, was du siehst und was dir begegnet, ist das Sein – es zeigt sich dir und spricht zu dir.

Gabriele:

Machen wir uns bewußt: In jeder Frage liegt zugleich auch die gesetzmäßige Antwort. Die Frage ist Energie, und in jeder menschlichen Energie ist die göttliche Energie, der Helfer, der immer gegenwärtig ist. Erschließen wir die Intelligenz, unser geistiges, göttliches Erbe, indem wir Ordnung machen in unserem

Leben, den Willen Gottes erkennen und ihn mehr und mehr erfüllen, dann wachsen wir in die Selbstlosigkeit, in die Liebe Gottes und in Seine Weisheit hinein.

Weisheit ist die Intelligenz Gottes, Seine Tat.

Bist du in deinem Innersten, dann ist dein Tempel rein, und du stehst mit dem Reinen in Kommunikation.

Du hörst, was andere nicht hören;
du schaust, was andere nicht sehen;
du weißt, was andere nicht wissen;
du erkennst, was andere nicht erkennen;
du spürst, was andere nicht erspüren;
du riechst und schmeckst, was andere nicht riechen und schmecken;
du nimmst wahr, was andere nicht wahrnehmen –
weil du die Wahrheit bist, die Stille des Tempels, die selbstlose Liebe, das Gesetz, Gott.

Gabriele:

Ist unser göttliches Bewußtsein so weit erschlossen, daß es sich in alles hineinzufühlen und hineinzuempfinden vermag, dann ist die

Seele weitgehend licht und das Göttliche in uns aktiv. Durch die Verwirklichung der ewigen Gesetze erweitert sich unser Bewußtsein. Es strahlt in die Unendlichkeit aus und auch in die Reiche des ewigen Seins hinein.

Kein Bereich im Himmel ist dem göttlichen Bewußtsein fremd. Ist es von uns wieder erschlossen, dann strahlt es und leuchtet alle Bereiche des Alls aus, weil das All in der Seele aktiv geworden ist. Der Mensch ist dann heimgekehrt. Er hat zu Gott, zum Ursprung, gefunden. Die Seele ist wieder rein und zum Kristall des Lebens geworden.

Wir müssen also wieder zu dem werden, was wir in unserem Innersten schon sind: reinste Substanz, edel und fein, das göttliche Gesetz, die selbstlose Liebe. Jeder von uns muß sich nach und nach entkleiden, das heißt, sein Menschliches ablegen, die Hüllen verwandeln – um dann im Kleide des ewigen Lebens, der selbstlosen Liebe, dazustehen. Wir sind also auf Erden, um wieder göttlich zu werden.

Erkenne:

Jede Sache, jede Angelegenheit, jede Schwierigkeit, jedes Problem, jede Situation, jedes Gespräch, ja, jedes Wort spricht sich selbst.

Das Sein in der Sache, in der Angelegenheit, im Problem, in der Schwierigkeit, in jeder Situation, in jeder Handlung und in jedem Gedanken spricht wiederum das mächtige Selbst, das Sein.

Gabriele:

Jedes Problem, jede Schwierigkeit hat drei Aspekte; nennen wir diese drei Aspekte die drei Zungen. Es ist das Oberbewußtsein, das Unterbewußtsein und das Geistbewußtsein. Das Oberbewußtsein ist das, was wir augenblicklich vom Verstand her erfassen. Im Unterbewußtsein liegt das, was wir ahnen; was an menschlichen Schwächen, Fehlern, an Unbereinigtem und Unverziehenem noch in uns liegt, was somit die Ursache für die Schwierigkeit oder das Problem sein könnte. Die dritte Zunge ist die Zunge der Wahrheit: Es ist das ewige Gesetz in allem; es ist die Lösung, die in jeder Schwierigkeit, in jedem Problem liegt. Nehmen wir die gesetzmäßige Lösung an und bereinigen wir unser Fehlverhalten mit Christus, dann ist es in unserer Seele gelöst, gleich gelöscht.

So spricht also jede Schwierigkeit und jedes Problem zu uns. Mit welcher Zunge? Das müssen wir selbst herausfinden. Wir erfahren es in unseren Gedanken. Zeigt sich ein Problem, dann fragen wir uns: Was denken wir? Was will es uns sagen? Zerpflücken wir jedoch das Problem und geben unserem Nächsten die Schuld, dann haben wir das Problem nicht erfaßt und nicht gelöst. Wir sprechen mit der Zunge des Ober- oder des Unterbewußtseins und lassen nicht die Zunge der Wahrheit sprechen, welche die Lösung in allem ist, den Geist Gottes, durch den in der Seele alles gelöst wird.

Deshalb sollten wir alles, was auf uns zukommt, jegliche Unannehmlichkeit, kurz beleuchten: Was will uns die Angelegenheit, was will uns das Problem, die Schwierigkeit sagen? Bitten wir Christus, der in allem ist, um Hilfe und Beistand, dann werden wir mit der Zeit immer öfter und klarer erspüren, was die gesetzmäßige Lösung ist.

Bittet, und es wird euch gegeben. Suchet, und ihr werdet finden. Klopfet an, und es wird euch aufgetan. In jeder Situation, in allem, was auf uns zukommt, dürfen wir Christus anrufen. Bejahen wir Christus, das Sein, in allem, so wird uns Christus, das Sein, das ewige Gesetz, beistehen und helfen, so daß wir das Problem, die Angelegenheit, die Schwierigkeit, jegliche Situation gesetzmäßig zu lösen vermögen.

Wir sollten uns zur Aufgabe machen, uns immer wieder selbst anzusprechen: »Mensch, nimm dich zurück! Die Lösung in allem ist Christus.« Werden wir uns dessen bewußt, dann spüren wir mit der Zeit Seine Nähe; dann werden wir auch jedes Wort überdenken und das, was wir sagen wollen, in das Gesetz stellen – wiederum in der Bitte: Christus, steh uns bei! Nur auf diese Weise finden wir Zugang zu dem inneren Reich, zu unserem göttlichen Erbe!

So werden wir auch in dieser unruhigen Zeit, in der die Welt zerstörend und zersetzend auf die Menschheit und auf die Natur einwirkt, Christus finden. Wir brauchen Ihn. Ohne Ihn wird es in Zukunft nicht mehr gehen; denn das Für oder Wider, das Entweder – Oder, die Entscheidung für oder gegen Christus ist unausweichlich. Jeder Tag stellt uns vor die Entscheidung entweder – oder; für oder gegen Christus.

Die Hülle, das Menschliche, spricht sich selbst. Die Kraft in der Hülle, das Sein, spricht ebenfalls sich selbst; es ist das Ich Bin.

Wer zum Sein, zum selbstlosen Selbst, geworden ist, der steht mit dem Reinen in Kommunikation. Er schaut mit den Augen der Wahrheit; er klärt, ordnet, bereinigt, plant und spricht aus dem ewigen Sein, dem selbstlosen Selbst.

Gabriele:

Schon des öfteren haben wir gehört: Jeder spricht sich selbst. Die reinen Wesen sprechen das ewige Gesetz; die unreinen Wesen, die Menschen, sprechen ihre Unreinheiten, ihr Personengesetz, das, was an Unreinem in ihrer Seele, in ihrem Gehirn und in den Gestirnen des Gesetzes von Ursache und Wirkung gespeichert ist.

Der Unreine hat mit seinem Unreinen Verbindung, steht also mit seinen Ursachen in

Kommunikation. Der Reine steht mit dem ewigen Gesetz in Kommunikation. Der Unreine ist friedlos; er sucht beständig nach Bestätigung seines niederen Selbst. Der Reine ist friedvoll; er sucht nicht – er steht mit seinem wahren Selbst, dem Göttlichen in ihm, in beständiger Kommunikation.

Wir sind auf Erden, um rein zu werden. Gerade in der heutigen Zeit ist das vielen ein Anliegen. Viele spüren, daß ihnen diese Welt keinen Halt mehr bietet, daß sie in dieser Welt nicht mehr bestehen können. Viele erfassen, daß nur noch Einer zu helfen vermag; es ist Christus, unser Erlöser. Er hilft; Er kommt uns immer näher.

Machen wir Tag für Tag die Probe aufs Exempel. Rufen wir Ihn, Christus, in jeder Situation an mit der Bitte, uns beizustehen. Christus ist immer bei uns. Gehen wir aus dem Haus, aus der Wohnung – Christus geht mit uns. Gleich, was wir tun, bejahen wir, daß Er bei uns ist, daß Er uns beisteht. Bejahen wir es immer und immer wieder.

Fühlen und empfinden wir in unser Inneres hinein, indem wir ja zu Christus sagen, der das Licht unserer Seele und das Gesetz der Unendlichkeit ist – dann werden für uns die Tage lichter werden, und wir werden von Tag zu Tag freier. Wir spüren Mut und Kraft, um das Menschliche, das uns der Tag aufzeigt, zu bereinigen, weil wir Christus anrufen, weil wir in jeder Situation Ihn um Beistand und um Hilfe bitten. Durch diese innige Kommunikation mit dem Höchsten in uns werden wir sicherer und freudiger. Freudig und dankbar werden wir dann das Menschliche bereinigen. Auf diese Weise reifen wir mehr und mehr in unser geistiges Erbe hinein, in das Leben, das uns Sicherheit, Frieden, Freude, selbstlose Liebe und Dankbarkeit bringt.

Das niedere Ich kennt das Ich Bin nicht; doch das Ich Bin kennt das niedere Ich, weil das Ich Bin, das Sein, alles durchdringt.

Der Reine, der die Tempelordnung hält, wird sich bemühen, jede Situation aus dem Gesetz zu klären, jedes Gespräch gesetzmäßig zu führen, jede Sache, jede Angelegenheit, jedes Problem und jede Schwierigkeit aus dem Gesetz, Gott, zu lösen.

Gabriele:

Lieber Bruder, liebe Schwester, das könnte eine Aufgabe für uns sein.

Werden wir der Reine, der die Tempelordnung hält, der täglich mehr seine Gedanken überprüft! Wie wir gelesen haben, schaffen Gedanken und Worte Formen; sie verursachen Wirkungen. Auch der Gedanke, den wir – eventuell unbedacht und leichtfertig – denken, ist ein Sendepotential, gleichsam eine Aktion. Die Reaktion ist um vieles größer, weil zu unserem Gedanken auch noch das Potential der darin liegenden Gefühle und Empfindungen gehört.

Wenden wir uns in jeder Situation konsequent an Christus, bauen wir also auf Ihn und nutzen jeden Augenblick zu Bereinigung und Umkehr, so werden wir schon in wenigen Tagen spüren, wie der Strom der positiven Kraft uns erfaßt, uns empor- und voranträgt.

Durch die konsequente Hinwendung zu Christus erfahren wir die innere Ruhe und die Stille und erleben daraus die Souveränität. Dadurch bekommen wir Abstand zu unserem menschlichem Ich und sehen es von einer höheren Warte. Das bewirkt, daß wir es rascher und leichter zu lösen vermögen.

Will das menschliche Ich die Sache, die Angelegenheit, die Schwierigkeit, das Problem, die Situation oder das Gespräch mit seinem niederen Ich lösen, dann bleibt es entweder ungelöst, oder es führt zum Chaos.

Gabriele:

Schauen wir in diese Welt, so erkennen wir, was der Intellekt vollbracht hat. Der Intellektuelle will alles selbst lösen. Das weltweite Chaos ist die Folge.

Deshalb: Kehren wir um! Lösen wir unser persönliches Chaos mit Christus auf, dann finden wir ganz allmählich zum Ich Bin, zu unserem göttllichen Erbe.

Wisse:
Das Sein in allem ist der redende Gott; Er spricht zu dir aus der Sache, aus der Angelegenheit, aus der Schwierigkeit, aus dem Problem, aus der Situation, aus der Handlung, aus jedem Gespräch.

Gabriele:

Machen wir uns bewußt: Gott, unser ewiger Vater in Christus, spricht unermüdlich zu uns. Jede Bewegung unseres Körpers, jedes Wort, jeder Gedanke könnte nicht sein, wenn die Kraft Gottes nicht wäre.

Wachen wir auf! Leben wir bewußter, und wir erfahren die Nähe Gottes, den ewig redenden Gott, denn das göttliche Gesetz ist ewig strömend, ewig gebend, sich ewig offenbarend.

Alles ist Bewußtsein. Das Reine ist Bewußtsein, und das Unreine ist Bewußtsein. Das Reine spricht im Allerheiligsten – in dir, zu dir und gleichzeitig aus dir.

Das Unreine spricht das Unreine; es spricht die Belastung, es spricht aus der Unordnung heraus. Es spricht die Unordnung, und so kann es in der Welt nur wieder Unordnung geben.

Gabriele:

Haben wir in der Welt auch die Unordnung – in unserem Innersten, in unserem Herzen ist die Ordnung. Versenken wir uns also in die heilige Ordnung, die in uns ist, und wir werden um uns Ordnung schaffen – in unseren Familien, in Partnerschaften und Ehen, am Arbeitsplatz, überall. Schaffen wir Ordnung, indem wir uns nicht mehr bekriegen, indem wir bereuen und uns gegenseitig vergeben und verstehen. Dann wird Friede sein. Der Innere Weg, der zum ewigen Leben, dem Frieden, führt, geht von außen nach innen.

Je mehr wir in unser Inneres, in das Reich des ewigen Seins, gelangen, das in uns ist, erspüren wir das Sein, die Himmel. Mit Worten ist der Himmel, unsere Heimat, nicht zu beschreiben. Würden wir uns vorstellen, die Wege wären aus Gold, alle Bauwerke wären feinstes Porzellan oder reinste Edelsteine und alles würde mächtiger strahlen als alle Sonnen und Gestirne zusammen – dann wäre das alles nur ein Abglanz unserer Heimat. Das ist die Herrlichkeit unseres Vaters, und das ist die Herrlichkeit unserer ewigen Heimat.

Es lohnt sich also, unsere innere Heimat zu erschließen, damit wir nach unserem Leibestod wieder dort, im ewigen Licht, sein können. Das ist unser aller Ziel. Das ist unser aller Weg. Christus steht uns bei. Oft sagt der Herr: »Ihr seid Kinder der Fülle.« Oder: »Ihr seid Königskinder.« Es sind Worte – doch was sie in der Tiefe bedeuten, können wir Menschen kaum erfassen.

Lassen wir es dennoch auf uns wirken; denn in unserer Seele strahlt es auf, wenn sie vom Licht unserer ewigen Heimat berührt wird.

Deine Augen sind das Licht der Seele.

Du siehst nur dich, du hörst nur dich.

Mit deinen Gefühlen, Empfindungen, Gedanken, Worten und Taten zeichnest du das Bild deiner Seele.

Das Bild deiner Seele ist dein Bewußtsein.

Jeder Bewußtseinsstand nimmt das wahr, was seinem Stand entspricht. Das geht in ihn ein, das ist er, das strahlt er aus, und das gibt er auch gleichzeitig wieder.

Kann dein Nächster das gleiche Bild sehen, das du mit deiner Gefühls- und Gedankenwelt, mit deinen Worten und Handlungen gezeichnet hast?

Jeder sieht auch das, was du ihm beschreibst, wieder anders – ganz nach seinem bildhaften Bewußtsein.

Jeder Mensch sieht auch seine Umgebung anders, wiederum ganz nach den Bildern seines Bewußtseins, die er sich selbst vorgegeben hat.

Auch die Geräusche, die in deinem bildhaften Leben auftreten, hört jeder wieder anders.

Machst du deinen Nächsten auf bestimmte Töne oder Farben oder Formen aufmerksam, dann wird er trotz deiner Beschreibung die Töne wieder anders wahrnehmen als du, und er wird die Farben und Formen wieder anders sehen als du.

Es ist möglich, daß dein Nächster sogar mehr Töne wahrnimmt als du oder mehr Farbnuancen sieht als du oder die Formen für ihn eine andere Gestalt haben, als du sie siehst.

Wer kann wem beweisen, daß er den richtigen Ton hört oder die richtige Farbe oder die richtige Form sieht? Kein Mensch kann dem anderen etwas beweisen, weil jeder anders sieht, fühlt, empfindet und denkt.

Viele Menschen sagen: »Ich kann es beweisen«, wenn sie ein Mensch bestohlen hat.

Kann der Mensch wahrlich beweisen, daß er bestohlen wurde – oder wurde ihm nur das wieder genommen, was er in einer Vorexistenz seinem Nächsten entwendet hat?

Beide, der Bestohlene und der entwendet hat, verstießen gegen das Gesetz Gottes, denn keiner von beiden sollte seinem Nächsten etwas entwenden und es sein Eigen nennen.

Du sagst, du kannst beweisen, daß dein Nächster gelogen hat. Hat dein Nächster tatsächlich gelogen – oder hat er nur das gesagt, was du in deiner Gefühls- oder Gedankenwelt bewegst und was du letztlich selbst bist?

Erkenne: Alles hat zwei Seiten – außer du bist göttlich; dann bist du die Wahrheit und lebst allbewußt.

Dann wirst du dich auch nicht erregen, sondern die Wahrheit sprechen, wirst alles klarstellen und es dann dabei belassen.

Wer an seinem Nächsten etwas auszusetzen hat, das ihn längere Zeit bewegt, der kann sicher sein, daß er mit diesem Aussatz selbst befallen ist.

Mit dem, was du an deinem Nächsten auszusetzen hast, setzt du dich durch das Prinzip Senden und Empfangen jenen Kräften aus, die du mit deinen Gefühlen, Empfindungen, Gedanken und Worten gerufen hast.

Erkenne dich selbst und wandle dich, auf daß du verwandelt in die Stätten des Heils einzugehen vermagst.

Ich gebe euch eine Übung zur Selbsterkenntnis:

Jeder betrachtet z.B. den gleichen Bereich einer Landschaft. Jeder sieht darin andere Aspekte. Was der eine sieht, das ist sein Bild und nicht das Bild seines Nächsten.

Im Landschaftsbild bewegt sich ein Tierlein. Jeder registriert das Tier – und doch sieht und empfindet es jeder anders.

Die Wahrnehmung des einzelnen gehört zu seinem Bild und nicht zum Bild seines Nächsten.

Das Bild jedes einzelnen ist das Bild seines Bewußtseinsstandes.

So, wie der einzelne sieht und hört, fühlt, empfindet und denkt, so ist sein Bewußtseinsstand, mit dem er das Bild registriert, die Farben und Formen sieht und die Töne vernimmt.

Wer kann beweisen, daß das Tierlein so aussah, wie er es wahrnahm? Alles ist relativ, da jeder aus seiner Sicht, aus seiner derzeitigen Bewußtseinsstrahlung sieht, hört, riecht, schmeckt und tastet.

Da jeder Mensch einen anderen Bewußtseinsstand hat, nimmt er die Reflexe, die er Materie nennt, dementsprechend wahr.

Erläuterungen:

Deine Augen sind das Licht der Seele.

Du siehst nur dich, du hörst nur dich.

Mit deinen Gefühlen, Empfindungen, Gedanken, Worten und Taten zeichnest du das Bild deiner Seele.

Das Bild deiner Seele ist dein Bewußtsein.

Jeder Bewußtseinsstand nimmt das wahr, was seinem Stand entspricht. Das geht in ihn ein, das ist er, das strahlt er aus, und das gibt er auch gleichzeitig wieder.

Hierzu sprach unsere Schwester Gabriele
in der Inneren Geist=Christus-Kirche,
der weltweiten
Prophetischen Volks-Lehrkirche:

»Deine Augen sind das Licht der Seele.« Durch uns blicken Licht oder Schatten. Unsere Seele schaut durch unsere Augen. Auf diese

Weise nimmt sie die irdische Welt wahr, in die sie sich eingeboren hat. Gemäß Licht oder Schatten sehen Seele und Mensch ihre Umwelt. Dementsprechend reagiert der Mensch.

Wir sehen, hören und registrieren, was unsere Sinne uns signalisieren. Gemäß unserer Wahrnehmung sind auch unsere Reaktionen. Je nach Licht oder Schatten unserer Seele reagieren wir entweder gesetzmäßig oder gesetzwidrig. Zwischen dem Entweder – Oder gibt es nichts!

Wir sehen, wir hören gemäß der Beschaffenheit unserer Seele. Nur so lange sehen und hören wir uns selbst, wie unsere Seele verschattet ist, solange sie mit der Begrenzung unseres menschlichen Ichs durch unsere Augen blickt, durch unser Gehör hört und durch unsere weiteren Sinne agiert.

Alles ist Bewußtsein. Mit unserer augenblicklichen seelischen Verfassung, die entweder zum Licht oder zum Schatten neigt, nehmen wir unsere Umwelt wahr. So sehen wir sie, und so reagieren wir auch.

Was wir sehen und was wir hören, das bringen wir zum Ausdruck. Ist unser Ausdruck die Realität oder der Schein? Schaut durch unsere Augen das Licht der Seele, dann sprechen wir die Wahrheit, das Gesetz. Blikken durch unsere Augen die Schatten der Seele, unsere Entsprechungen, dann sehen wir nur, was unserem menschlichen Ich entspricht – darüber hinaus gibt es für uns nichts. Wir leben entweder in der Realität, dem Sein, oder aber in der Irrealität, im trügerischen Schein.

Was wir also sind, Sein oder Schein, das geht von uns aus. Was von uns ausgeht, geht wieder in uns ein; mehr können wir nicht erfassen. Das ist unser Bewußtseinsstand. Darüber hinaus nehmen wir nichts wahr. Deshalb heißt es für uns: Entwickle und entfalte dich auf dem Weg der geistigen Evolution.

So sind wir in die Tage gestellt, um Tag für Tag das von uns erkannte Menschliche zu bereinigen. Durch die Auflösung unseres Sündhaften erweitert sich unser Bewußtsein. Wir sehen mehr und schauen tiefer. Wir hören mehr und hören tiefer in die Gründe des Materialistischen hinein. Dadurch erfassen wir auch die tieferen Zusammenhänge von Licht und Schatten. Durch die Umwandlung unserer Schatten in Licht finden wir allmählich zum Ursprung unseres Lebens, zu Gott – zu unserem Sein als Wesen in Gott, zu unserem göttlichen Erbe.

Kann dein Nächster das gleiche Bild sehen, das du mit deiner Gefühls- und Gedankenwelt, mit deinen Worten und Handlungen gezeichnet hast?

Jeder sieht auch das, was du ihm beschreibst, wieder anders – ganz nach seinem bildhaften Bewußtsein.

Jeder Mensch sieht auch seine Umgebung anders, wiederum ganz nach den Bildern seines Bewußtseins, die er sich selbst vorgegeben hat.

Auch die Geräusche, die in deinem bildhaften Leben auftreten, hört jeder wieder anders.

Gabriele:

Daß dies so ist, können wir erfahren. Probieren wir es aus – zu Hause, in unseren Familien, in unseren Wohngemeinschaften, in unserem Freundeskreis:

Nehmen wir uns ein Bild vor. Jeder betrachtet ein und dasselbe Bild. Was der einzelne aus dem Bild wahrnimmt, das notiert er; dazu seine Gefühle und Empfindungen. Wir werden feststellen: Jeder sieht etwas anderes; jeder wird anders empfinden und fühlen.

Auch ein gemeinsamer Urlaub kann uns im Nachhinein aufzeigen, daß jeder die Urlaubstage anders empfunden und die Landschaft anders gesehen hat. Diesbezüglich könnten wir uns ebenfalls testen und erfahren, daß es so ist. Wir notieren: Was hat der einzelne wahrgenommen? Was hat er gesehen? Was gehört? Was hat er empfunden und gedacht? Beim Test werden wir erkennen: Jedem ist anderes aufgefallen, jeden hat etwas anderes bewegt. Warum ist das so? Weil keiner denselben Bewußtseinsstand hat wie sein Nächster. Gemäß unserem Bewußtseinsstand, dem Licht und den Schatten unserer Seele, nehmen wir unsere Umwelt wahr.

Auch Geräusche lassen in jedem Menschen Aspekte seiner Denkwelt aufleuchten und anklingen, die aus Farben, Formen und Tönen besteht. Machen wir wieder eine Übung: Jeder hört dieselbe Melodie. Was empfindet der einzelne? Was denkt der einzelne? Wie reagiert er? Jeder nimmt andere Resonanzen wahr, die wiederum unterschiedliche Gefühle, Empfindungen und Gedanken auslösen, gemäß dem Bewußtseinsstand des einzelnen.

Machst du deinen Nächsten auf bestimmte Töne oder Farben oder Formen aufmerksam, dann wird er trotz deiner Beschreibung die Töne wieder anders wahrnehmen als du, und er wird die Farben und Formen wieder anders sehen als du.

Gabriele:

Wenn wir diese Gesetzmäßigkeiten hören, so müßten wir uns fragen: Was ist unser irdisches Leben? Ist es das ewige Leben, die Wahrheit, oder ist es Illusion?

Mit unseren Worten haben wir uns Begriffe geschaffen. Zum Beispiel ist die Farbe Rot für uns nun mal rot, weil jeder diesen Begriff so bejaht. Ist das, was wir mit dem Begriff »die Farbe Rot« bezeichnen, der Bewußtseinsinhalt, wirklich rot? Haben wir also dieser Farbe nur einen Namen gegeben?

Wie wird diese Farbe in anderen Kulturkreisen genannt? Wenn einer diesen Begriff prägt, dann sprechen ihn andere nach. Unsere menschlichen Begriffe sind also eine Übereinkunft nach dem Augenschein. Einer sagt »rot«, andere übernehmen den Begriff und halten ihn für die Realität. Vom Gesetz Gottes aus betrachtet muß das jedoch nicht so sein.

Dasselbe gilt für die Formen. Wir haben hierfür unsere Begriffe, die wir bejahen, und aufgrund der Bejahung glauben wir, daß das so ist. Nach dem Gesetz Gottes muß es jedoch nicht so sein.

Wir Menschen prägen einen Begriff für einen Bewußtseinsinhalt, weil wir diesen derzeit so und nicht anders begreifen. Wir bezeichnen ihn so, weil wir ihn so sehen, und wir sehen ihn so, weil wir – unsere Seele, unser Mensch – so gezeichnet ist.

Wir erkennen also, daß unsere Welt relativ ist und nicht absolut. Wir leben in der Welt der Begriffe, in der Welt der Illusionen, in der Welt unserer Programme.

Was wir uns einprogrammiert haben, das »begreifen«, das verstehen wir. Wir geben uns in Begriffen unsere Scheinrealität vor.

Wir sagen z.B., wir sind krank. Krankheit ist für uns ein Begriff. Nach dem Gesetz Gottes ist Krankheit nur das Ausfließen von Disharmonie. Das Wort, der Begriff »Krankheit« jedoch verbindet uns mit allen weiteren Begriffen, die in Verbindung mit dem Begriff »Krankheit« in unser Gehirn einprogrammiert wurden. Dadurch verstärken wir das, was wir »unsere Krankheit« nennen. Wir binden uns an diesen Begriff, an dieses Programm.

Vollzieht sich also das Ausfließen der Disharmonie, dann nennen wir diese Disharmonie »Krankheit«; wir prägen ihr den Stempel »Krankheit« auf. Diese Prägung bejahen wir, bauen sie dadurch aus und manifestieren sie in unserem Körper. Dann sprechen wir von »unserer Krankheit«. In Wirklichkeit wäre es ein Ausfließen unserer Disharmonie – eine Bewegung, in der die positive Kraft bereits aktiv ist, um heilend zu wirken. Mit unserem Begriff »Krankheit« binden wir die ausfließende Disharmonie in unserem Körper.

Im ewigen Gesetz Gottes gibt es keine Krankheit, weil es keine Begriffe, nicht die Illusion gibt, sondern einzig die Wahrheit, die Realität ist. Der Geist Gottes ist Wahrheit und nicht Illusion. In der Wahrheit stehen alle reinen Wesen und verstehen einander, weil sie das eine Gesetz leben – das Absolute Gesetz, das Gottesgesetz.

Wir Menschen leben unser Personengesetz, unser Persönliches, das für uns die Persönlichkeit bedeutet. Wir müssen uns jedoch ganz allmählich über unsere Persönlichkeit, über unser Ichgesetz, erheben, um die Wahrheit zu finden. Nach menschlichen Begriffen sind wir die Person; nach dem Gesetz Gottes ist unser ewiges Wesen manifestiertes Gesetz.

Solange wir in unserem Personengesetz leben, sprechen wir aneinander vorbei. Jeder spricht zwar seine Muttersprache – in Wirklichkeit spricht jedoch jeder seine eigene Sprache, denn jeder legt in sein Wort wieder eine ganz andere Sichtweise, einen ganz anderen Bewußtseinsinhalt, hinein. Deshalb spricht jeder seine Sprache trotz gleicher Muttersprache. Was wir also in unser Wort hineinlegen, entspricht unserem Bewußtseinsstand.

Wir erfassen nun, was menschliche Begrenzung bedeutet; es ist die Einengung auf unser menschliches Selbst, auf unser persönliches Denken, Fühlen und Wollen. Solange wir uns auf unsere Denkmuster, gleich Begriffe, beziehen, auf unsere Menschlichkeiten und Programme, leben wir in der Begrenzung – und die Begrenzung ist Illusion.

Deshalb heißt es: Heraus aus der Enge des menschlichen Ichs, heraus aus der Begrenzung, aus der Täuschung und Illusion! Wir müssen tiefer blicken; wir müssen hineinhören in die Worte; wir müssen das Äußere durchschauen, um in dessen Tiefe das ewige Sein, das Positive, das Göttliche, zu erfahren. Dann erst wird unser Leben interessant. Dann erst spüren wir, was Begrenzung bedeutet und was es heißt, im Unbegrenzten zu leben.

In jedem von uns ist das unbegrenzte Bewußtsein, das Göttliche. Das Unbegrenzte in uns weiß um alle Dinge, durchschaut alle Dinge und vernimmt in allem das Gesetzmäßige.

Das ist unser Leben im ewigen Sein. Dorthin geht unser Weg. Täglich müssen wir die Entscheidung treffen: Licht oder Dunkelheit. Der Weg ins Licht ist der Weg der Bewußtseinserweiterung.

Es ist möglich, daß dein Nächster sogar mehr Töne wahrnimmt als du oder mehr Farbnuancen sieht als du oder die Formen für ihn eine andere Gestalt haben, als du sie siehst.

Wer kann wem beweisen, daß er den richtigen Ton hört oder die richtige Farbe oder die richtige Form sieht? Kein Mensch kann dem anderen etwas beweisen, weil jeder anders sieht, fühlt, empfindet und denkt.

Gabriele:

Glauben wir an die Aussage des Herrn, dann stellt sich uns die Frage: Wer hat recht? Viele sagen: »Ich habe recht.« Doch jeder sieht und jeder hört etwas anderes; der eine nimmt mehr Töne wahr, der andere sieht wieder andere Farben. Wer hat also recht?

Können wir beweisen, daß wir mehr Töne hören als unsere Nächsten? Können wir beweisen, daß die Farbe Rot auch rot ist, daß jene Farbe Gelb ist? Können wir es beweisen? Wir können es aufgrund unserer Begriffe beweisen, weil wir den Begriff »Rot« in unserem Bewußtsein haben. Ob dies wirklich der Farbschwingung nach dem ewigen Gesetz entspricht, das sei dahingestellt.

Wir erkennen also: Alle Begriffe sind relativ. Und die Relativität der Begriffe ist niemals Wahrheit.

Viele Menschen sagen: »Ich kann es beweisen«, wenn sie ein Mensch bestohlen hat.

Kann der Mensch wahrlich beweisen, daß er bestohlen wurde – oder wurde ihm nur das wieder genommen, was er in einer Vorexistenz seinem Nächsten entwendet hat?

Beide, der Bestohlene und der entwendet hat, verstießen gegen das Gesetz Gottes, denn keiner von beiden sollte seinem Nächsten etwas entwenden und es sein Eigen nennen.

Du sagst, du kannst beweisen, daß dein Nächster gelogen hat. Hat dein Nächster tatsächlich gelogen – oder hat er nur das gesagt, was du in deiner Gefühls- oder Gedankenwelt bewegst und was du letztlich selbst bist?

Erkenne: Alles hat zwei Seiten – außer du bist göttlich; dann bist du die Wahrheit und lebst allbewußt.

Dann wirst du dich auch nicht erregen, sondern die Wahrheit sprechen, wirst alles klarstellen und es dann dabei belassen.

Gabriele:

Wir sehen oft nur die augenblickliche Situation und sagen: »Natürlich. Mir fehlt die Geldbörse, und mein Nächster hat die Geldbörse. Also hat er mich bestohlen.« Wer das Kausalgesetz kennt, wird sich mit dieser äußeren Sichtweise nicht zufriedengeben.

Werden wir bestohlen, so ist das die Ernte, der eine Saat, eine Ursache, zugrunde liegt. Wenden wir die Gesetzmäßigkeit »Was der Mensch sät, wird er ernten« auf uns selbst an, so erlangen wir im Aufwallen unserer Gefühle Kenntnis, welche Ursache zugrunde liegen kann; denn die Aufwallung unseres Gemüts wird durch Gefühle, Empfindungen und Gedanken herbeigeführt. Diese sind Aspekte einer ehemaligen Saat. Nun kommt es auf uns an: Wollen wir uns selbst betrachten und die Aspekte unserer Saat bereuen und bereinigen – oder gehen wir darüber hinweg? Dann säen wir weiter.

Diese Geschehnisse sind kleine Dinge im Gesetz von Ursache und Wirkung. So, wie es sich im Kleinen auswirkt, ist es auch im Großen. Im Gesetz von Ursache und Wirkung besteht auch die Kollektivschuld, z.B. dann, wenn eine Million Menschen an einem Geschehen beteiligt sind. Jeder hat seinen Anteil an dieser Kollektivschuld.

Wer als Mensch die Gnadenimpulse Gottes, die Mahnungen und Warnungen, überhört, weil er sich ganz der Welt und ihren Lockungen zugewandt hat, der muß den Anteil seiner Schuld, die er unter Umständen in einer Vorexistenz geschaffen hat, tragen. Diese Ursachen, die auf der Erde geschaffen wurden, sind magnetisch. Sie ziehen uns unter Umständen wieder zur Inkarnation und in jenes Land, in welchem die Ursachen wirksam werden – eventuell in Form von Kriegswirren oder Naturkatastrophen und anderem mehr.

Wir erleiden nach dem Gesetz von Saat und Ernte nur das, einzig nur das, was wir selbst verursacht haben – nichts darüber hinaus, kein Quantum mehr. Das ist die Gerechtigkeit des Gesetzes von Ursache und Wirkung und nicht das Recht.

Rechten wir, indem wir behaupten, der andere sei schuld, dann sind wir bestrebt, unser vermeintliches Recht durchzusetzen. Auf diese Weise verschließen wir uns der Selbsterkenntnis. Die Schuld bleibt, baut sich unter Umständen weiter auf und wird uns – sofern wir nicht rechtzeitig zur Einsicht gelangen – als Wirkung treffen.

Wer an seinem Nächsten etwas auszusetzen hat, das ihn längere Zeit bewegt, der kann sicher sein, daß er mit diesem Aussatz selbst befallen ist.

Mit dem, was du an deinem Nächsten auszusetzen hast, setzt du dich durch das Prinzip Senden und Empfangen jenen Kräften aus, die du mit deinen Gefühlen, Empfindungen, Gedanken und Worten gerufen hast.

Erkenne dich selbst und wandle dich, auf daß du verwandelt in die Stätten des Heils einzugehen vermagst.

Gabriele:

Diese Worte Christi beziehen sich auf das Gesetz der Entsprechung, einen Aspekt des Kausalgesetzes. Wir erkennen uns in unserem Nächsten, wenn wir ihn abwerten, anklagen, verurteilen, ihm Fehler vorwerfen und zugleich uns über ihn ärgern.

Wer solches zum Anlaß nimmt, bei sich selbst nach der Ursache zu forschen und diese zu bereinigen, baut seine Belastungen ab; er wandelt und verwandelt sich im Lichte Christi und wird frei.

Ich gebe euch eine Übung zur Selbsterkenntnis:

Jeder betrachtet z.B. den gleichen Bereich einer Landschaft. Jeder sieht darin andere Aspekte. Was der eine sieht, das ist sein Bild und nicht das Bild seines Nächsten.

Im Landschaftsbild bewegt sich ein Tierlein. Jeder registriert das Tier – und doch sieht und empfindet es jeder anders.

Die Wahrnehmung des einzelnen gehört zu seinem Bild und nicht zum Bild seines Nächsten.

Das Bild jedes einzelnen ist das Bild seines Bewußtseinsstandes.

So, wie der einzelne sieht und hört, fühlt, empfindet und denkt, so ist sein Bewußtseinsstand, mit dem er das Bild registriert, die Farben und Formen sieht und die Töne vernimmt.

Wer kann beweisen, daß das Tierlein so aussah, wie er es wahrnahm? Alles ist relativ, da jeder aus seiner Sicht, aus seiner derzeitigen Bewußtseinsstrahlung sieht, hört, riecht, schmeckt und tastet.

Da jeder Mensch einen anderen Bewußtseinsstand hat, nimmt er die Reflexe, die er Materie nennt, dementsprechend wahr.

Erkennet: Wer die vielen Aspekte, die zur Freiheit führen, beachtet, der bringt sich und auch seinem Nächsten den Frieden. Deshalb wirke niemals auf die Bewußtseinsstrahlung deines Nächsten ein, indem du glaubst, du müßtest entsprechend deinem Bewußtsein bei ihm in seiner Wohnung, in seinem Raum Ordnung machen.

Merke dir folgende Gesetzmäßigkeit:

Lasse deinem Nächsten sein Reich, das heißt, verändere du seine Bewußtseinsstrahlung nicht. Die Bewußtseinsstrahlung von dir und von deinem Nächsten wirkt sich auch in den Räumen aus, die du bewohnst oder die dein Nächster bewohnt. Lasse deinem Nächsten sein kleines Reich, denn so will er sich zu Hause fühlen. Beachtest du diese Gesetzmäßigkeit, dann freut er sich, wenn du ihn besuchst.

Betritt sein Zimmer nur dann, wenn du erwünscht bist, und lasse in seinem Zimmer alles so stehen, wie es dein Nächster aufgestellt hat, denn das ist die Perspektive seines Bewußtseins.

Setzt du dich auf einen Stuhl oder nimmst du einen Gegenstand, dann stelle den Stuhl wieder so hin, wie er stand, und lege oder stelle den Gegenstand wieder an seinen Platz – so, wie er vorher war.

Verändere nichts, auch wenn es dir anders besser gefallen würde und wenn du glaubst, daß es so, wie du es siehst, schöner wäre. Damit wirkst du in die Bewußtseinsstrahlung deines Nächsten ein und bringst mit deiner scheinbaren Ordnung in sein Leben, in seine Bewußtseinsstrahlung, Unordnung. Denn so, wie der Nächste es sieht, ist es für ihn gegenwärtig gut. Er will es von dir nicht ver-

ändert haben – außer, er bittet dich darum.

Wer diese Gesetzmäßigkeit beachtet, der achtet seinen Nächsten und auch sich selbst.

Auch in den kleinsten Dingen gilt folgende Gesetzmäßigkeit: Was du nicht willst, daß man dir tu, das füge auch keinem anderen zu.

Hierzu sprach unsere Schwester Gabriele in der Inneren Geist=Christus-Kirche, der weltweiten Prophetischen Volks-Lehrkirche:

Alles ist Strahlung. Die Ausstattung unseres kleinen Reiches, die Anordnung der Gegenstände entsprechen unserem Bewußtsein. Wie wir einen Gegenstand hinstellen und anordnen, dementsprechend strahlt er uns an – das gleicht unserer Bewußtseinsstrahlung, woraus sich die Kommunikation mit dem

Gegenstand ergibt. Das ist für unseren augenblicklichen Bewußtseinsstand die Strahlung von Harmonie und Frieden.

Haben wir bestimmte Gegenstände sehr gern, so stellen wir sie an einem bestimmten Ort in der Wohnung auf. Betreten wir nun diesen Raum, dann ist es möglich, daß unser Blick auf diesen Gegenstand fällt, der so steht, daß er uns erfreut. Er strahlt uns an, und eine eventuell depressive Stimmung lichtet sich; freundliche und freudige Schwingungen wirken auf uns ein und erfassen uns. So können wir uns in unserem kleinen Reich wieder aufbauen und positive Kräfte entfalten.

Wir gestalten also unser kleines Reich entsprechend unserem Bewußtseinsstand. Entsprechend unserer Bewußtseinsstrahlung haben wir die Farben und Formen in unserem Raum gewählt – so strahlen sie uns zu, und so erfreuen sie uns. Unser Nächster stattet seinen Raum, sein kleines Reich, wieder anders aus; er entscheidet sich für andere Farben und Formen als wir, gemäß seiner Bewußtseinsstrahlung.

Verändern wir nun die Ordnung in dem Raum unseres Nächsten, dann bringen wir unsere Bewußtseinsstrahlung hinein, die jedoch mit seinem Bewußtsein nicht übereinstimmt. Wir greifen also mit unseren menschlichen Vorstellungen in den Bereich unseres Nächsten ein. Das hat Disharmonie zur Folge.

Sprechen wir von unserem kleinen Reich, das, unserem Bewußtsein entsprechend, harmonisch und schön eingerichtet sein sollte, so hat dies nichts mit dem äußeren Reichtum, mit Prunk und Pracht, mit Ansehen und dergleichen zu tun. Jeder von uns hat eine Wohnung, in der Wohnung ein Zimmer oder zumindest im Zimmer einen Winkel, der ihm gehört, der seine Schwingung trägt, der ihm das Gefühl vermittelt, dort zu Haus zu sein. Diesen Ort, ob groß, ob klein, nennen wir »unser kleines Reich«.

Nach dem Gesetz Gottes soll jeder von uns so wohnen und so leben, wie es seinem Bewußtsein entspricht. Alles, was dem Bewußtseinsstand entgegensteht, steht auch dem Frieden entgegen. Und alles, was weit darüber hinaus ist, wie z.B. großer Reichtum, Prunk und dergleichen, ist ungesetzmäßig. Dadurch können wir nicht Kinder Gottes werden, sondern wollen Götter sein.

Auch den inneren Lebensbereich, den inneren Tempel unseres Nächsten sollten wir achten. Das heißt für uns: Schweige, und sei wachsam. Nimm deinen Nächsten in dir auf. Dann weißt du, wann du ihn ansprechen und was du zu ihm sagen kannst, denn dann erfaßt du in deinem Bewußtsein, wo er augenblicklich ist.

Viele Menschen haben die Angewohnheit, ihren Nächsten, dem sie begegnen, unbedacht und unvermittelt anzusprechen. Sie reden alles heraus, was ihnen auf der Zunge liegt, ohne danach zu fragen, ob der Nächste es hören möchte. Wissen wir, wo er augenblicklich mit seinem Bewußtsein ist? Eventuell ist er gerade im inneren Gebet, in der tiefen Zwiesprache mit Gott im Inneren seines Tempels. Sprechen wir ihn unvermittelt an, dann stören wir ihn und drängen ihn aus seinem Inneren heraus.

Der wache Mensch, der seinen Nächsten wirklich im Inneren besuchen möchte, nimmt diesen zuerst bewußt an und auf. Er erspürt ihn in seinem Inneren und erwägt: Kann ich jetzt das Wort an ihn richten? Er weiß dann, wann und wie er seinen Nächsten ansprechen und was er ihm sagen kann.

Seid niemals neugierig. Blickt aus Neugierde nicht nach hinten, nach rechts und nach links, um zu sehen und zu hören; denn was ihr seht oder hört, dafür seid ihr verantwortlich.

Das Gesehene oder Gehörte regt euch zum Denken an – für jeden Gedanken seid ihr verantwortlich. Das Gesehene und Gehörte regt euch zum Reden und zum Handeln an – auch dafür seid ihr verantwortlich.

Der Reine wird sich nicht neugierig umsehen, wird keine Gedanken produzieren, wird nicht nach Worten suchen und auch nicht überlegen, wie, was und wann er handeln und wirken soll. Der Reine hat alles in sich und ist in allem, weil er die Wahrheit ist, die wiederum in allem ist.

Schaust du deinen Nächsten, dann schaust du das All, und du schaust den ewigen Vater in dir, und du schaust deinen Nächsten in dir – denn ihr seid das Ebenbild des ewig einzig heiligen Vaters, weil ihr in Ihm göttlich seid, Seine geschaffenen Kinder, die Er in Sich, durch Sich und im All schaut.

Hast du deinen Nächsten in dir geschaut, dann hast du deinen ewigen Vater geschaut, denn der Ewige und Sein reines Kind sind eins.

Da du deinen Nächsten als einen Teil von dir in dir kennst und schaust, kennst du auch den ewig Einen, Heiligen, weil du Sein Ebenbild bist, das ewige Gesetz – das du kennst, weil du es bist, da du göttlich bist.

Der Reine ist das Auge des heiligen Tempels.

Der Schauende durchschaut alle und alles.

Hierzu sprach unsere Schwester Gabriele in der Inneren Geist=Christus-Kirche, der weltweiten Prophetischen Volks-Lehrkirche:

Durch die Neugierde lenken wir uns von unserer Tagesenergie ab, von dem, was uns der Tag sagen möchte. Wir leben dann nicht gegenwärtig und beachten nicht die Impulse, die uns auf das aufmerksam machen wollen, was hier und heute für uns zur Bereinigung ansteht.

Statt dessen sehen und erfahren wir Dinge, die in uns manches abrufen können, für das wir noch nicht reif sind, das wir also noch nicht beherrschen und daher auch noch nicht überwinden können. Wir sehen und hören vieles, was wir unter Umständen nicht zu verarbeiten vermögen, weil es nicht zu unserer Tagesenergie gehört. Wir machen uns jedoch Gedanken darüber, haben Vorstellungen; Emotionen wallen auf; wir werten und verwerfen unter Umständen unsere Nächsten. Da jede Empfindung, jedes Gefühl, jeder Gedanke, jedes Wort und jede Handlung Energie ist, so werden wir uns damit auch belasten; denn wohin wir senden, von dort empfangen wir.

Unsere Gedanken, die wir dem Nächsten zusenden, können auch in ihm einiges in Bewegung setzen, können Negativpotential zur Unzeit wecken oder verstärken. Es ist möglich, daß auf diese Weise in ihm eine Ursache zu früh zur Wirkung gelangt, eine Belastung der Seele zu früh aufbricht, so daß er sie kaum zu bewältigen und zu bereinigen vermag. So trägt er unter Umständen schwer an diesem Komplex, baut eventuell weitere Schuld auf. An diesen Menschen – an diese Seele –, an den wir aufgrund unserer Neugierde Gedanken oder Empfindungen hingesandt haben, sind wir nun gebunden. Wir müssen ihm irgendwann einmal wieder begegnen, um zu bereinigen, was ansteht, und es wiedergutzumachen. Denn was wir säen, das werden wir ernten.

Die Neugierde verhindert nicht nur ein bewußtes, gegenwärtiges Leben; sie ist schon die Folge von Veräußerlichung. Mangelt es uns in der Seele an Energie, weil wir nicht zu uns stehen, weil wir die Tagesenergie nicht nützen, dann erwacht die Neugierde; wir sind dann ständig darauf bedacht, alles zu erspähen und zu erhorchen. Warum? Weil wir uns selbst nicht kennen. Wer sich täglich selbst findet in seinen Gedanken und täglich bereinigt, der erlangt geistige Energie, göttliche Lichtkraft; die Bewußtseinsstrahlung erhöht sich; er kann zu sich stehen, weil er sich selbst gefunden hat und wird nicht mehr begierig sein, Dinge zu erhorchen oder zu erspähen, in dem Glauben, er versäume etwas, in der Vorstellung, er müsse etwas erreichen und erleben.

Den Frieden, die Stille und die Erfüllung für unsere Seele können wir nicht erjagen, erspähen oder erhorchen. Wir finden uns nicht im Äußeren und finden so auch Gott nicht.

Jesus von Nazareth sprach zu Seinen Aposteln und Jüngern sinngemäß: Der Vater und Ich sind eins. Hast du Mich gesehen, dann hast du den Vater gesehen. – Seine Worte besagen: Hast du Mich in der Tiefe deiner Seele ergründet, dann hast du Meine Strahlung wahrgenommen und hast die Strahlung des Vaters erkannt und erspürt. – Der ewige Vater war nicht personifiziert in Jesus; der Christus in Jesus war jedoch das Ebenbild des Vaters, Sein Sohn – und wir sind als reine Wesen Söhne und Töchter Gottes und die Ebenbilder des ewigen Vaters.

Haben wir uns in unserem Nächsten gefunden, haben wir Ihn wahrlich in uns erkannt und geschaut, dann haben wir die Strahlung des ewig heiligen Vaters erspürt, weil die reine Seele eins ist mit dem ewigen Vater. Dann verstehen wir in der Tiefe die Worte Jesu: Der Vater und Ich sind eins. Hast du Mich geschaut, dann hast du den Vater geschaut; dann hast du also Seine Strahlung wahrgenommen und Mich als reines Wesen empfunden, als das Ebenbild des ewigen Vaters.

In Seinen großen kosmischen Lehren spricht Christus zu uns: *»Hast du deinen Nächsten in dir geschaut, dann hast du deinen ewigen Vater geschaut, denn der Ewige und Sein reines Kind sind eins.*

Da du deinen Nächsten als einen Teil von dir in dir kennst und schaust, kennst du auch den ewig Einen, Heiligen, weil du Sein Ebenbild bist, das ewige Gesetz – das du kennst, weil du es bist, da du göttlich bist.«

Kennen wir das ewige Gesetz, dann leben wir auch das ewige Gesetz und leben im ewigen Gesetz. Dann ist die Seele göttlich und geeint mit Dem, der ewig ist: Gott, unser ewiger Vater. Dann sind wir bewußt in Ihm und mit Ihm in alle Ewigkeit, ewiglich vereint. Denn Er, der große All-Eine, hat uns geschaut; Er hat uns geschaffen, und so schaut Er uns in Sich selbst.

Deshalb finden wir auch wieder zurück zu Ihm als reine Wesen, weil Er uns nie aus Seinem Herzen gelassen hat und läßt. Er schaut uns als vollkommene Wesen. Das ist der große All-Magnet, der in die Astralebenen strahlt und zu uns auf diese Erde. Dieser All-Magnet, die Liebe Gottes, strahlt zu Menschen und Seelen und zieht uns wieder an.

Gott, unser Vater, entläßt uns nicht aus Seiner Liebe und Fürsorge, mögen wir, der Mensch, uns auch noch so sehr sträuben. Er gibt uns die Freiheit, zu leben, wie wir wollen. Doch irgendwann erwacht unsere Seele und auch der Mensch. Dann spüren wir den großen, mächtigen All-Magneten, die unendliche Liebe, die uns mehr und mehr anzieht. Durch Christus, unseren Erlöser, werden wir dann zu Ihm finden, zurück in Sein ewiges Vaterherz, von wo wir ausgegangen sind.

Lassen wir dieses Bewußtsein in uns zur Entfaltung kommen, auf daß es uns ganz erfaßt und uns emporträgt!

Der große Liebe-Magnet, Gott, der All-Magnet, unser Vater, sendet durch alle Seelenreiche und auch zu den Menschen, zu dieser Erde. Dieser große Liebe-Allmagnet ruft und führt uns durch Christus, unseren Bruder und Erlöser, und durch Christus finden wir wieder zu Ihm, in Sein Herz, in die ewige Heimat, wo Friede und Glück sind – ewiges Sein.

Doch uns ist geboten: Erschließe zuerst das Reich Gottes in dir – und du wirst über das innere Reich, über das Reich Gottes in dir, wieder in das ewige Reich, in die ewige Heimat, finden; denn das innere Reich ist das Gesetz der Liebe in uns. Haben wir es erschlossen, dann sind wir in Gott und sind auch in Ihm und mit Ihm geeint.

Das Innerste ist die Stille, die sich selbst schaut und alles durchschaut. Die Stille ist das wahre Leben.

Deshalb sei still. Die Stille ist das allweise Wort, das Gesetz des Alls. Es offenbart sich als die Stille in der Stille. Es schaut sich selbst in der Stille als die Stille.

Alles ist das Gesetz, das die erhabene, unendliche Stille ist, die sich selbst spricht, das Ich Bin.

Die Stille ist das Gesetz und die Weisheit Gottes. Wer weise ist, der ist still, weil er um alle Dinge weiß, da er alles durchschaut und durchdringt.

Erläuterungen:

Das Innerste ist die Stille, die sich selbst schaut und alles durchschaut. Die Stille ist das wahre Leben.

Deshalb sei still. Die Stille ist das allweise Wort, das Gesetz des Alls. Es offenbart sich als die Stille in der Stille. Es schaut sich selbst in der Stille als die Stille.

Alles ist das Gesetz, das die erhabene, unendliche Stille ist, die sich selbst spricht, das Ich Bin.

Hierzu sprach unsere Schwester Gabriele
in der Inneren Geist=Christus-Kirche,
der weltweiten
Prophetischen Volks-Lehrkirche:

Wir finden nur zur Stille, indem wir einwärts wandern. Auf dem Weg hinein zum Königreich des Inneren sind wir dann, wenn wir unsere Worte, unsere Handlungen, unsere

Gedanken, unsere Empfindungen und unsere Gefühle kontrollieren.

Die innere Stille zeigt sich in unserer Gefühlswelt. Wie oft glauben wir, still zu sein – doch sind wir wirklich still? Wie sieht es in unserer Gefühlswelt aus? Ist dieser Bereich unseres Inneren schon geklärt? Signalisiert er den klaren Strom, das reine Sein? Ist in unseren Gefühlen Gottes Allmacht gegenwärtig? Oder sind unsere Gefühle noch geprägt von Sehnsüchten, von Wünschen, von Wollen?

Unsere Gefühle liegen tiefer als unsere Empfindungen und Gedanken; daher sind sie schwerer zu erfassen. Sind wir jedoch den Weg nach Innen gewissenhaft gegangen und gehen wir ihn weiterhin konsequent, dann gelangen wir zu unserer Gefühlswelt. Wir können dann auch mit unseren Gedanken und Empfindungen in die Gefühle eintauchen; denn dort spüren wir wesentlich deutlicher, was noch an Menschlichem in uns liegt.

In der Gefühlswelt vermögen wir sogar Aspekte zu erkennen, die noch nicht in unser Oberbewußtsein emporgestiegen sind, Aspekte, die noch als Karma in uns liegen, sich aber schon in den Gefühlen regen. Zwar werden wir nicht unsere gesamte Seelenschuld in unserer Welt der Gefühle erkennen, doch Teile davon werden wir ins Bewußtsein heben, bereinigen und somit tilgen können.

Die fundamentalen Aufgaben des Inneren Weges lauten: Ordne deine Gedanken! Zügle deine Rede! Meistere deine Sinne! Die fünf Sinne des Menschen sind nichts anderes als Umpolungen der fünf göttlich-atomaren Kräfte des ewigen Seins. Wir haben also das ewige Sein, das aus den Kräften der fünf geistigen Atomarten besteht, verpolt, verbogen, das Gesetzmäßige in sein Gegenteil verkehrt. Durch die Umkehrung der fünf göttlichen Sinne unserer Seele haben wir die menschliche Sinneswelt geprägt, die weitgehend mit unseren Gefühlen, Empfindungen, Gedanken, Worten und Handlungen übereinstimmt.

Ordnen wir unsere Gedanken, zügeln wir unsere Rede, meistern wir unsere Sinne, so tun wir den ersten Schritt, um im Oberbewußtsein still zu werden, so daß wir immer tiefer eintauchen – hin zur inneren Stille, in das Absolute Gesetz.

Wenden wir uns durch die Bereinigung unseres Fehlverhaltens mehr und mehr nach innen, dann zieht Ruhe in unsere Gedanken-, Empfindungs- und Gefühlswelt ein. Unsere Seele atmet mehr und mehr den Odem, der ihr über das sich erschließende geistige Bewußtsein zuströmt. Die Seelensinne, die geistigen Atomarten, richten sich dann zunehmend wieder auf den göttlichen Wesenskern, die Quelle des Lebens in uns, aus, so daß wir die innere Wahrnehmung erlangen. Der laute Mensch schweigt – in uns wird es still. Wir haben in unser inneres Selbst gefunden, welches das Ich Bin, die Stille, ist.

Die Tiefe unseres Wesens, die Stille, der Ozean, Gott, ist das ewige Gesetz. Diese Stille ist nicht das Schweigen, sondern ist harmonischer, ewiger, kosmischer All-Rhythmus – die Bewegung des ewigen Seins, die Sphärenklänge der Unendlichkeit.

Wollen wir wirklich still werden, also in die gesetzmäßige Stille eintauchen, in das strömende Allgesetz, das sich unermüdlich verschenkt und mitteilt, dann müssen wir von außen nach innen wandern, um sodann in unserer reinen Gefühlswelt zu leben, durch die das Absolute Gesetz über die gereinigte Empfindungs- und Gedankenwelt in unser Oberbewußtsein, in das Wort und in die Handlung fließt.

Die Gefühlsebene ist für unsere geistige Entwicklung von wesentlicher Bedeutung. Ist diese überlagert oder blockiert, dann gelangen wir nicht mehr in die tieferen Schichten unseres Unbewußten und finden somit nicht mehr das, was noch an Menschlichem in uns liegt. Dann bleiben Selbsterkenntnis und Bereinigung oberflächlich, so daß wenig Belastung getilgt werden kann. Gerade in der Gefühlswelt offenbart sich Tieferes; dort zeigt sich, wo wir stehen und wer wir derzeit sind. Dort erfahren wir entweder unsere Verwirklichung, das Sein – oder aber unsere Nichtverwirklichung, unser Menschliches, unser Sein-, Haben- und Besitzenwollen.

Sind für uns auch unsere Gedanken leichter greifbar als unsere Gefühle – mit Gedanken können wir uns selbst täuschen, ebenfalls mit Worten und mit Handlungen. Unsere Gefühlswelt ist realistischer; sie läßt sich von uns nicht ohne weiteres täuschen. In den Gefühlen liegt das, was uns augenblicklich zeichnet – entweder unser wahres Sein oder unsere Menschlichkeiten.

»Deshalb sei still.« Diese Worte haben in allen Bewußtseinslagen Gültigkeit. Sie können uns zunächst einmal sagen: »Sei still, sorge dich nicht. Vertraue dich in jeder Situation Gott, deinem Vater, an.«

Weiter können sie zu uns sprechen: »Sei still. Lebe konzentriert und wachsam. Erfasse, was dir der Tag sagen möchte, auf daß du dein Menschliches bereinigen kannst, um immer tiefer zu finden, um mehr und mehr hineinzuwandern zu dem Strom der Stille.«

»Die Stille ist das allweise Wort, das Gesetz des Alls.« Die wahre Stille ist die ständige Kommunikation des formgewordenen Seins im Strom des Seins. Das ist die ununterbrochene Kommunikation der Geistwesen mit der Unendlichkeit. Das Gesetz Gottes *»offenbart sich als die Stille in der Stille.«* Die Stille ist die Symphonie des Alls, ist das Wort, das

zu uns spricht, ist das Gesetz, das sich unermüdlich mitteilt. Wir erfahren es einzig in der Tiefe, im Seelengrund.

»Es schaut sich selbst in der Stille als die Stille.« Schauen heißt Bilder empfangen. Die reinen Wesen erleben alle Impulse als Bilder in der göttlichen Partikelstruktur ihres geistigen Leibes. Wo immer sie sich bewegen, wo sie gehen, wo sie stehen – der Impuls, der bei ihnen ankommt, ist absolut, ist also vollkommen und zeigt sich im vollkommenen Bild. So empfängt das Wesen der Himmel alle Botschaften bildhaft in der Partikelstruktur seines Geistleibes.

Die Sende- und Empfangsstation für Impulse ist bei uns Menschen das Gehirn. Was in unseren Gehirnzellen ankommt, das überträgt sich auf unseren Körper. Unser Körper ist ein Klangkörper. So, wie es in uns klingt, so schwingen wir, und so, wie wir schwingen, entsprechend geben wir uns im Denken, Reden und Handeln; so sind unsere Regungen, unsere Neigungen, unsere Gestik und unsere Mimik.

Die Stille ist das Gesetz und die Weisheit Gottes. Wer weise ist, der ist still, weil er um alle Dinge weiß, da er alles durchschaut und durchdringt.

Gabriele:

Das heißt für uns: Wir müssen wieder zum Göttlichen werden. Wir müssen einwärts wandern, um wieder einzutauchen in den ewigen Strom, in unser wahres Sein.

Wir brauchen uns in dieser Welt nicht zu fürchten. Wer sich als Kind Gottes erweist, indem er sich immer und immer wieder bemüht, Gottes Gesetze zu erkennen und täglich zu verwirklichen, der kann sicher sein, er geht an Christi Hand. Christus ruft uns, und Er weiß, daß wir noch unvollkommen sind. Die tägliche Anstrengung der konsequenten Verwirklichung macht uns freudig, glücklich und gibt uns die Sicherheit in Christus.

»Die Stille ist das Gesetz und die Weisheit Gottes.« Der Weise ist eingetaucht in das Ge-

setz; er weiß um alle Dinge, weil er alles durchschaut. Er lebt in der gereinigten Gefühlswelt, somit in der weitgehend reinen Seele und schöpft unermüdlich aus dem Quell im Innersten der Seele. Dieser Born des Lebens strömt durch die Seele, fließt in die Gefühlswelt des Menschen ein, steigt in die Empfindungswelt auf, zeigt sich in Gedanken und teilt sich in Worten mit.

Um Aufschluß darüber zu erhalten, wie es mit unserem Inneren bestellt ist, brauchen wir also nur unsere Worte und das, was in ihnen liegt, kritisch selbst zu betrachten.

Solange unsere Worte nicht selbstlos sind, sind unsere Gedanken nicht selbstlos, sind unsere Empfindungen nicht rein und somit auch nicht unsere Gefühlswelt. Es bedarf also der Reinigung und des Hineinwanderns von außen nach innen.

Erst dann vermögen wir alles zu durchdringen, wenn wir aus den Kräften des ewigen Seins zu schöpfen vermögen und in der weitgehend gereinigten Gefühlswelt leben. Die innere Quelle, das Innere Licht, durchstrahlt und durchströmt alles. Auch die Seele des Menschen, die im Sein lebt, durchstrahlt alles.

Lieber Bruder, liebe Schwester, viele werden sagen: »Das ist noch ein weiter Weg.« Doch machen wir uns bewußt: Wie nahe ist uns Gott! Gott *ist* die Weisheit; Er *ist* das Gesetz – und wir sind in Seinem Herzen göttlich. Bemühen wir uns tagtäglich, Gott näherzukommen, tun wir die Schritte, dann werden wir es Tag für Tag spüren, wie nahe uns Christus, wie nahe uns Gott, unser Vater, ist. Wir erkennen dann, daß das Absolute Gesetz, unser wahres Sein, gar nicht mehr so fern ist – es *ist* in jedem Gedanken.

Unsere Umkehr und Bereinigung läßt im Negativen das Positive, das Göttliche, emporsteigen. Sind wir z.B. neidisch, kehren wir um und bereinigen, tun wir es nicht mehr, setzen wir dem Negativen positive Kräfte, die Kräfte des Friedens, entgegen und halten wir den Frieden mit unseren Nächsten, dann haben wir schon einen Aspekt oder einige Aspekte unseres wahren Seins, des ewigen Gesetzes, aus dem Dunkel des Menschlichen ins Licht gehoben. Das ist ein Schritt zur Verwirklichung des Absoluten Gesetzes, des ewigen Seins, auf dieser Erde.

Wir haben also keinen Abstand zum hehren Absoluten Gesetz. Es ist nicht fern – es ist uns ganz nah. Jeder Tag zeigt uns dies. Denn: In unseren Problemen und Schwierigkeiten, in allem Gegensätzlichen ist das Positive, das ewige Gesetz. Bereinigen wir unser Fehlverhalten mit Christus und tun wir das erkannte Negative nicht mehr, erfüllen wir dafür die Gesetzmäßigkeiten Inneren Lebens, dann erfahren wir die Nähe unseres göttlichen Erbes, Teile des ewigen Seins.

Fassen wir Mut! Jeder Tag ist ein großes Geschenk für uns. Das soll uns Hoffnung geben. Diese sollten wir täglich nähren, indem wir das Gute, das Gesetz Gottes, in allem bejahen und durch Verwirklichung entfalten. Dann werden die Tage lichter, weil wir erkennen: In Schwierigkeiten, in Leid oder in Freude ist das ewige Gesetz der Liebe; es ist überall gegenwärtig. Wenden wir es an, hoffnungsvoll und freudig – und wir kommen unserem wahren Sein näher. Die erwachte Seele sehnt sich danach, und wir Menschen sollen dieser inneren Sehnsucht folgen, indem wir das erkannte Menschliche tagtäglich ablegen.

Dabei können uns folgende Bewußtwerdungen eine Hilfe sein:

Sei still.
Denke, bevor du sprichst.
Kontrolliere deine Gedanken.
Schau in die Empfindungswelt hinein.
Welche Wunschbilder sind noch vorhanden?
Was sagen uns die Gefühle?
Sind unsere Worte mit unseren Gedanken in Übereinstimmung? Wenn nicht – warum nicht?
Sind unsere Worte mit unseren Empfindungen in Übereinstimmung?
Sind unsere Empfindungen, Gedanken und Worte mit unseren Gefühlen in Übereinstimmung?

Wollen wir unsere Gefühlswelt ergründen, dann müssen wir uns immer wieder sagen: Sei still – erlebe dich tiefer! Sei still, und sei ehrlich zu dir selbst. Schaue dich in deiner Gefühlswelt an!

Nehmen wir uns vor, immer wieder über die Aussage nachzudenken: Gott ist Liebe.

Die selbstlose Liebe straft nicht. Die selbstlose Liebe züchtigt nicht. Die selbstlose Liebe hilft unermüdlich, gibt uns Kraft und möchte uns herausführen aus unserer Menschlichkeit, aus dem Chaos unserer noch bestehenden menschlichen Gedanken, Empfindungen und Gefühle.

Schöpfen wir Hoffnung in Christus! Schöpfen wir Hoffnung in Gott, unserem Vater. Machen wir uns immer wieder bewußt: Wir sind nicht verlassen! Christus ist mit uns. Unser wahres Sein ist nicht weit entfernt. Verwirklichen wir die Gesetze Gottes, dann erleben wir Aspekte unseres göttlichen Erbes.